가장 쉽게 말이 트이는

국민대표
중국어
첫걸음

김인숙 저

초판 인쇄	2017년 1월 5일
초판 발행	2017년 1월 10일

지은이	김인숙
발행인	서연태
총괄	조희준
책임편집	최예경
편집	이진경 장성아
감수	진이링
교재 디자인	도도디자인
일러스트	이은미

발행처	㈜문정아중국어연구소
출판등록일	2006년 8월 30일 제300-2006-196호
주소	서울특별시 종로구 율곡로 24, 2층 (수송동 한진중공업 빌딩)
전화	02-725-2771
팩스	02-732-2130
홈페이지	http://www.no1hsk.co.kr
ISBN	978-89-958485-7-9 13720

ⓒ 문정아중국어연구소 2017

이 교재의 내용을 사전 허가 없이 전재하거나 복제할 경우 법적인 제재를 받게 됨을 알려 드립니다.
잘못된 책은 본사에서 교환해 드립니다.
CIP제어번호: CIP2016030839

시작이 다른 중국어!! 결과가 다른 중국어!!

중국어 열풍으로 전 세계인이 중국어를 배우고 있습니다.
'중국어는 어렵다'라는 기존의 생각이 '중국어는 쉽고, 재미있다'라는 생각으로 바뀔 수 있도록 현장에서 직접 가르치며 연구 개발한 리듬 학습 프로그램으로 본 교재를 집필하였습니다. 책을 펴는 순간, 어려운 줄 알았던 중국어가 입에서 술술 나오는 기적을 경험해 보세요.

흥미로운 교재!! 중도에 포기할 수 없는 중국어!!

누구나 흥미로운 일은 쉽게 포기하지 않습니다.
필요 이상으로 많은 내용을 담아서 초보 학습자에게 부담을 주기보다는, 중국어의 시작을 가볍고, 재미있게 도와주는 데에 초점을 맞춰 구성했습니다. 버릴 것 하나 없이 꼭 알아야 할 내용들만 담아 교재를 100% 활용할 수 있도록 만들었습니다.

새로운 학습법!! 중국어가 술술!!

단 어 테마별 필수 단어가 술술
통문장 상황별 리얼 중국어가 술술
패 턴 하나의 핵심 패턴으로 다양한 문장이 술술
리 듬 리듬으로 중국어가 술술
문 화 변화하는 중국, 중국 이야기가 술술

본 교재가 '쉽고, 재미있는 중국어'의 출발점이 되기를 바라며 중국어를 시작하는 학습자 여러분을 응원합니다. 찌아여우! 加油!

저자 김인숙

이 책의 구성과 활용

• 초간단 핵심 문장을 리듬으로 한 번에 끝!

이 책의 구성

Ready

중국어, 어떻게 읽는 거야?
중국어 발음(한어병음)을 리듬 타면서 쉽고 탄탄하게 다질 수 있습니다.

Theme 1~8

내게 필요한 문장이 다 있다!
일상생활에 자주 등장하는 상황별 테마에 따라 짧고, 쉬운 문장들로 구성했습니다.

한 과의 구성

STEP1_기본 회화

기본 회화 문장
초간단 기본 회화로 바로
중국어 술술!

STEP2_워드 체인지

단어 교체 연습
기본 회화 뼈대에 단어만
바꿔서 응용 회화 술술!

STEP3_리듬 러닝

리듬으로 자동 암기
노래 듣듯이 흥얼거리면
나도 모르게 중국어가 쏙!

STEP4_Talk! Talk! 차이나

톡톡 튀는 문화 이야기
변화무쌍 최신 중국 이야기로
지식도 쌓고, 재미도 쏙!

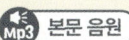 • 원어민 성우의 정확한 발음으로 문장을 듣고 따라 해 보세요.

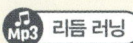 • 리듬에 맞춰 신나게 듣기만 해도 중국어가 입에 딱 붙어요.

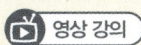 • 문정아중국어 온라인 강좌로 중국어를 더 쉽게 배울 수 있어요.

40 Days 학습 PLAN

- 하루 30분, 40일이면 중국어 국민대표!

DAY 01 ✓	DAY 02 ☐	DAY 03 ☐	DAY 04 ☐	DAY 05 ☐
중국어 발음 간체자와 한어병음, 성조	중국어 발음 성모와 운모	你好! 안녕! 인사 만남	再见! 잘 가! 인사 이별	您贵姓? 당신의 성씨는 무엇입니까? 소개 성씨
DAY 06 ☐	**DAY 07** ☐	**DAY 08** ☐	**DAY 09** ☐	**DAY 10** ☐
你叫什么名字? 너는 이름이 뭐니? 소개 이름	你多大了? 나이가 어떻게 되세요? 소개 나이	他是谁? 그는 누구니? 소개 관계 1	这位是谁? 이 분은 누구시니? 소개 관계 2	她是哪国人? 그녀는 어느 나라 사람이니? 소개 국가
DAY 11 ☐	**DAY 12** ☐	**DAY 13** ☐	**DAY 14** ☐	**DAY 15** ☐
现在几点? 지금 몇 시니? 일상 시간	今天星期几? 오늘은 무슨 요일이니? 일상 요일	今天是你的生日吧? 오늘이 네 생일이지? 일상 생일	明天是几月几号? 내일은 몇 월 며칠이니? 일상 날짜	周末天气怎么样? 주말에 날씨 어때? 일상 날씨
DAY 16 ☐	**DAY 17** ☐	**DAY 18** ☐	**DAY 19** ☐	**DAY 20** ☐
您找什么? 당신은 무엇을 찾으세요? 일상 물건 찾기	你要喝什么? 너는 무엇을 마실래? 먹거리 음료	你想吃什么? 너는 무엇을 먹고 싶니? 먹거리 음식	请给我杯子好吗? 저에게 컵 좀 주시겠어요? 먹거리 음식점	味道怎么样? 맛이 어때? 먹거리 맛

DAY 21	DAY 22	DAY 23	DAY 24	DAY 25
你爱吃什么水果? 너는 무슨 과일을 좋아하니? `먹거리` 과일	你怎么去? 너는 어떻게 가니? `이동` 교통수단	你们去哪儿? 너희 어디 가니? `이동` 장소 1	这附近有银行吗? 이 근처에 은행이 있나요? `이동` 장소 2	你去过首尔吗? 너는 서울에 간 적 있니? `이동` 여행

DAY 26	DAY 27	DAY 28	DAY 29	DAY 30
一共多少钱? 모두 얼마예요? `쇼핑` 가격	你喜欢什么颜色? 너는 무슨 색을 좋아하니? `쇼핑` 색상	你还要买什么? 너는 무엇을 더 사려고 하니? `쇼핑` 구매	你觉得这件怎么样? 이 옷 어때? `쇼핑` 의견	爷爷怎么了? 할아버지 어떻게 되신 거니? `관심` 컨디션

DAY 31	DAY 32	DAY 33	DAY 34	DAY 35
你最近怎么样? 요즘 어때? `관심` 근황	他在做什么? 그는 무엇을 하고 있니? `관심` 행동	请问您做什么工作? 실례지만 당신은 무슨 일을 하시나요? `관심` 직업	你的爱好是什么? 너의 취미는 무엇이니? `관심` 취미	我爱你。 난 널 사랑해. `기타` 감정

DAY 36	DAY 37	DAY 38	DAY 39	DAY 40
我结婚了。 나 결혼했어. `기타` 축하	我太伤心了。 나 너무 속상해. `기타` 위로	一起干杯吧。 함께 건배합시다. `기타` 제안	你能帮我拍照吗? 저를 도와 사진 찍어 주실 수 있나요? `기타` 부탁	祝你生日快乐! 생일 축하해! `기타` 덕담

차례

머리말 3
이 책의 구성과 활용 4
40 Days 학습 PLAN 6

Ready 중국어 발음
DAY 01	간체자와 한어병음, 성조	12
DAY 02	성모와 운모	16

Theme 1 인사
DAY 03	만남	안녕! 你好!	22
DAY 04	이별	잘 가! 再见!	26

Theme 2 소개
DAY 05	성씨	당신의 성씨는 무엇입니까? 您贵姓?	32
DAY 06	이름	너는 이름이 뭐니? 你叫什么名字?	36
DAY 07	나이	나이가 어떻게 되세요? 你多大了?	40
DAY 08	관계 1	그는 누구니? 他是谁?	44
DAY 09	관계 2	이 분은 누구시니? 这位是谁?	48
DAY 10	국가	그녀는 어느 나라 사람이니? 她是哪国人?	52

Theme 3 일상
DAY 11	시간	지금 몇 시니? 现在几点?	58
DAY 12	요일	오늘은 무슨 요일이니? 今天星期几?	62
DAY 13	생일	오늘이 네 생일이지? 今天是你的生日吧?	66
DAY 14	날짜	내일은 몇 월 며칠이니? 明天是几月几号?	70
DAY 15	날씨	주말에 날씨 어때? 周末天气怎么样?	74
DAY 16	물건 찾기	당신은 무엇을 찾으세요? 您找什么?	78

Theme 4 먹거리
DAY 17	음료	너는 무엇을 마실래? 你要喝什么?	84
DAY 18	음식	너는 무엇을 먹고 싶니? 你想吃什么?	88

DAY 19 음식점 저에게 컵 좀 주시겠어요? 请给我杯子好吗? · · · · · · 92
DAY 20 맛 맛이 어때? 味道怎么样? · · · · · · 96
DAY 21 과일 너는 무슨 과일을 좋아하니? 你爱吃什么水果? · · · · · · 100

Theme 5 이동
DAY 22 교통수단 너는 어떻게 가니? 你怎么去? · · · · · · 106
DAY 23 장소 1 너희 어디 가니? 你们去哪儿? · · · · · · 110
DAY 24 장소 2 이 근처에 은행이 있나요? 这附近有银行吗? · · · · · · 114
DAY 25 여행 너는 서울에 간 적 있니? 你去过首尔吗? · · · · · · 118

Theme 6 쇼핑
DAY 26 가격 모두 얼마예요? 一共多少钱? · · · · · · 124
DAY 27 색상 너는 무슨 색을 좋아하니? 你喜欢什么颜色? · · · · · · 128
DAY 28 구매 너는 무엇을 더 사려고 하니? 你还要买什么? · · · · · · 132
DAY 29 의견 이 옷 어때? 你觉得这件怎么样? · · · · · · 136

Theme 7 관심
DAY 30 컨디션 할아버지 어떻게 되신 거니? 爷爷怎么了? · · · · · · 142
DAY 31 근황 요즘 어때? 你最近怎么样? · · · · · · 146
DAY 32 행동 그는 무엇을 하고 있니? 他在做什么? · · · · · · 150
DAY 33 직업 실례지만 당신은 무슨 일을 하시나요? 请问您做什么工作? · · · · · · 154
DAY 34 취미 너의 취미는 무엇이니? 你的爱好是什么? · · · · · · 158

Theme 8 기타
DAY 35 감정 난 널 사랑해. 我爱你。 · · · · · · 164
DAY 36 축하 나 결혼했어. 我结婚了。 · · · · · · 168
DAY 37 위로 나 너무 속상해. 我太伤心了。 · · · · · · 172
DAY 38 제안 함께 건배합시다. 一起干杯吧。 · · · · · · 176
DAY 39 부탁 저를 도와 사진 찍어 주실 수 있나요? 你能帮我拍照吗? · · · · · · 180
DAY 40 덕담 생일 축하해! 祝你生日快乐! · · · · · · 184

찾아보기 · · · · · · 188

Ready
중국어 발음

DAY 01 | 간체자와 한어병음, 성조

DAY 02 | 성모와 운모

| 중국어 발음 | 간체자와 한어병음, 성조

Day 01

1 간체자와 한어병음

현대 중국어의 문자로 번체자와 간체자가 쓰인다. 번체자는 쓰기가 복잡하고 배우기가 어려워, 중국 대륙에서는 배우기 쉽게 간소화한 간체자를 사용한다.

번체자
開

간체자
开

알파벳을 사용하여 표기한 중국어의 발음 기호를 '한어병음'이라고 한다.

한어병음

开

kāi ← 성조
성모 운모

2 중국어의 성조

(1) 기본 성조
중국어에서 가장 기본이 되는 성조는 아래의 네 가지이다.

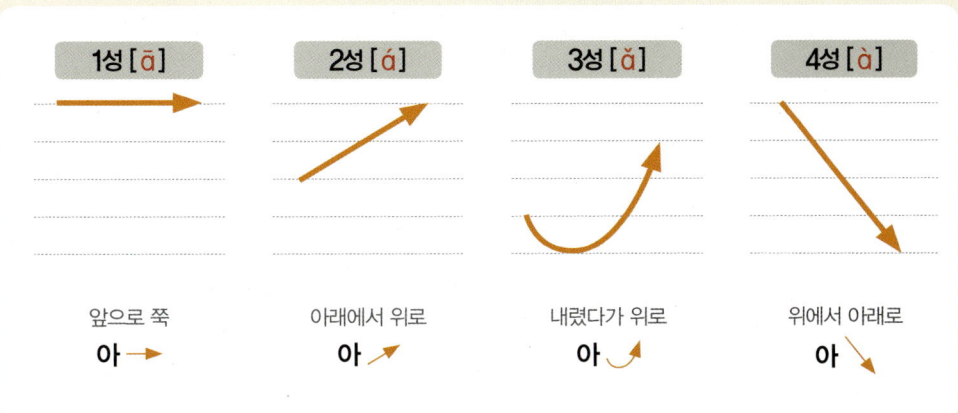

(2) 경성
네 가지 중국어의 기본 성조 외에 가볍고, 짧게 발음하는 성조를 '경성'이라고 한다.

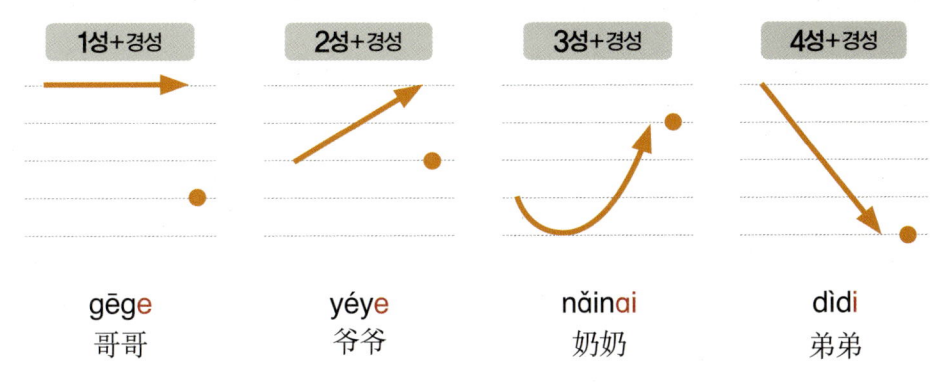

3 성조 변화

(1) 3성의 성조 변화

① 3성이 연이어서 나오면 앞에 있는 3성은 2성으로 발음한다.

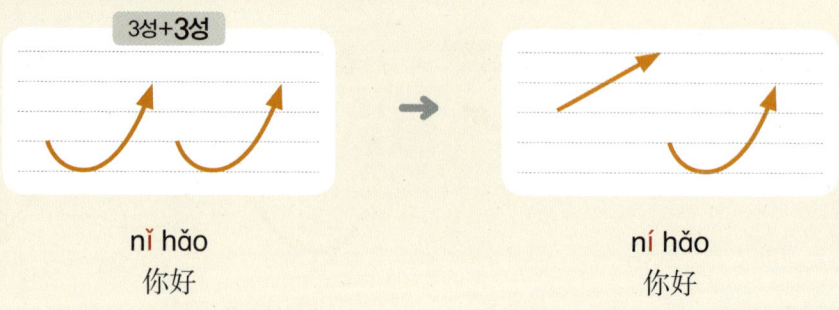

② 3성과 1성, 2성, 4성, 경성이 결합하면 앞에 있는 3성은 반(半)3성으로 발음한다. 반3성은 3성의 앞부분만 발음하는 것을 말한다.

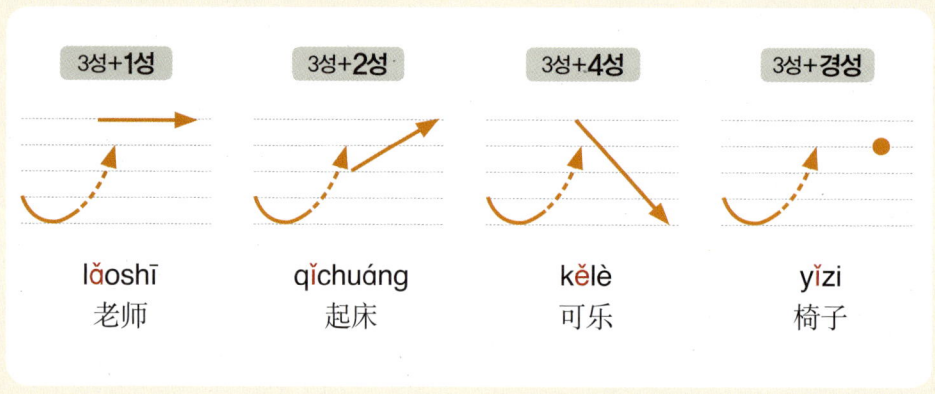

(2) 不와 一의 성조 변화
  ① 不(bù)는 원래 4성이지만, 뒤에 4성이 오면 2성으로 발음한다.

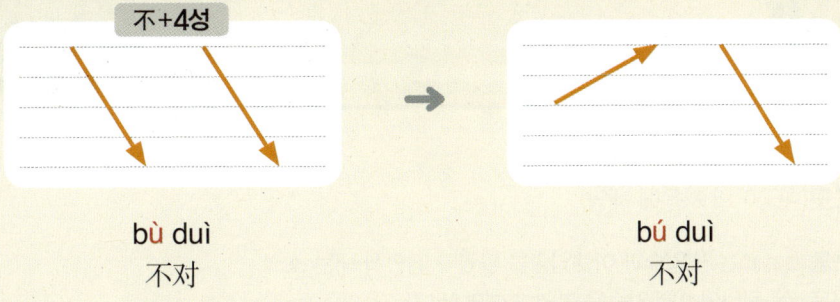

  ② 一(yī)는 원래 1성이지만, 뒤에 1성, 2성, 3성이 오면 4성으로 발음하고, 뒤에 4성, 경성이 오면 2성으로 발음한다.

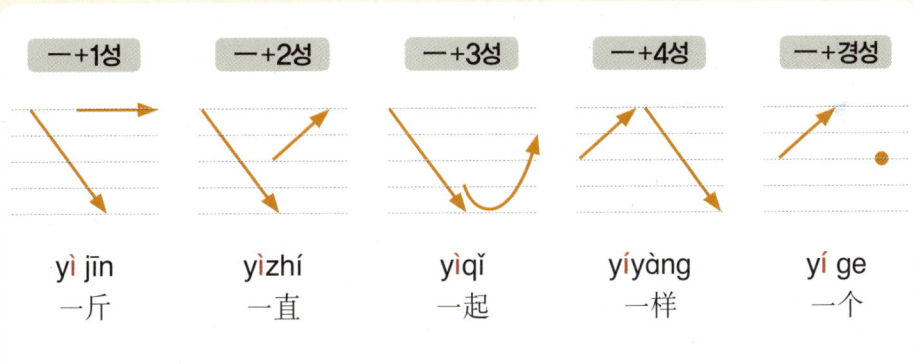

| 중국어 발음 | 성모와 운모

Day 02

1 성모 (한국어의 자음에 해당)

- **쌍순음**: b p m 는 윗입술과 아랫입술을 붙였다 떼면서 내는 소리
- **순치음**: f 는 윗니와 아랫입술을 붙였다 떼면서 내는 소리 → 영어의 f 발음

| bo 뽀어 | po 포어 | mo 모어 | fo 포어 |

- **설첨음**: d t n l 는 혀끝을 앞니 뒤에 댔다 떼면서 내는 소리

| de 떠 | te 터 | ne 너 | le 러 |

- **설근음**: g k h 는 혀뿌리로 목구멍을 막았다 떼면서 내는 소리

| ge 꺼 | ke 커 | he 허 |

- **설면음**: j q x 는 입을 옆으로 벌리고 혀를 평평하게 해서 내는 소리

| ji 지 | qi 치 | xi 시 |

- **설치음**: z c s 는 혀끝을 윗니 뒤쪽에 붙였다 떼면서 내는 소리

| zi 쯔 | ci 츠 | si 쓰 |

- **권설음**: zh ch sh r 는 혀끝을 말아서 내는 소리

| zhi 즐 | chi 츨 | shi 슬 | ri 르 |

2 운모 (한국어의 모음에 해당)

- **단운모(기본 운모)**: 소리를 낼 때 입술 모양이나 혀의 위치가 달라지지 않는 운모

a	o	e	i	u	ü
아	워	어	이	우	위

- **복운모**: 소리를 낼 때 입술 모양이나 혀의 위치가 달라지는 운모

ai	ei	ao	ou
아이	에이	아오	오우
ia	ie	iao	i(o)u
이아	이에	이아오	여우
ua	uo	uai	u(e)i	üe
우아	우어	와이	웨이	위에

- **비운모**: 콧소리를 포함하는 운모

an	en	ang	eng	ong
안	언	앙	엉	옹
ian	iang	in	ing	iong
이엔	이앙	인	잉	이옹
uan	u(e)n	uang	ueng	üan	ün
우안	원(운)	우앙	웡	위앤	윈

- **권설운모**: 혀끝을 살짝 말아 올려 발음하는 운모

er
얼

발음리듬

🎵 중국어의 기본 운모와 성모를 리듬에 맞춰 따라 해 보세요.

Theme 1
인사

DAY 03 | 만남

DAY 04 | 이별

| 만남 | 안녕!

Day 03

안녕!

A 你好!
Nǐ hǎo!

안녕하세요!

B 您好!
Nín hǎo!

Tip

你 nǐ 너, 당신 | 好 hǎo 안녕(인사말에 쓰임) | 您 nín [높임말] 당신, 귀하

❶ 好 앞에 상대방을 일컫는 말을 써서 인사 표현을 할 수 있다. 번역할 때에는 상대방을 생략하는 경우가 많다.
❷ 您은 你의 높임말로, 상대방이 나보다 손윗사람이거나 지위·신분이 높은 경우 주로 사용한다.

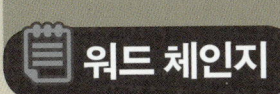

▶ 단어를 교체하여 다양한 문장을 말해 보세요.

_____ 안녕(하세요)!

[   ] 好!
_____ hǎo!

[1] 您
nín
당신

[2] 你们
nǐmen
너희, 당신들

[3] 老师
lǎoshī
선생님

[4] 大家
dàjiā
여러분, 모두

[5] 早上
zǎoshang
아침

[6] 晚上
wǎnshang
저녁

리듬 러닝

▶ 앞에서 배운 내용을 리듬으로 따라 해 보세요.

안녕! **你好!** Nǐ hǎo!

안녕하세요! **您好!** Nín hǎo!

너희 안녕! **你们好!** Nǐmen hǎo!

선생님 안녕하세요! **老师好!** Lǎoshī hǎo!

여러분 안녕(하세요)! **大家好!** Dàjiā hǎo!

안녕(하세요)! [아침 인사] **早上好!** Zǎoshang hǎo!

안녕(하세요)! [저녁 인사] **晚上好!** Wǎnshang hǎo!

중국인의 아침 메뉴

간단한 아침 식사를 선호하는 중국인, 그들의 단골 아침 메뉴는 무엇일까? 노점, 식당뿐만 아니라 패스트푸드점에서도 볼 수 있는 중국의 아침 메뉴에 대해 알아보자.

중국인의 아침 메뉴는 죽, 면, 만두, 전병, 삶은 달걀 등 다양한데, 그중에서도 어느 지역에서나 흔히 볼 수 있는 메뉴가 또우지앙 [豆浆 dòujiāng]과 여우티아오 [油条 yóutiáo] 등이다. 또우지앙은 우리나라 '콩국'과 비슷하고, 여우티아오는 밀가루 반죽을 발효시켜 기름에 튀긴 것으로, 꽈배기와 비슷하다. 이 두 가지는 KFC [肯德基 Kěndéjī]에서도 세트 메뉴로 판매할 만큼 대표적인 중국 아침 메뉴이다.

여우티아오 油条 yóutiáo

KFC 肯德基 Kěndéjī

찻잎, 간장 등을 넣고 삶은 달걀
茶鸡蛋 chájīdàn

또우지앙 豆浆 dòujiāng

| 이별 | 잘 가!

Day 04

잘 가!

A 再见!
Zàijiàn!

내일 봐!

B 明天❶见!
Míngtiān jiàn!

Tip
再见 zàijiàn 잘 가, 또 봐 | **明天** míngtiān 내일 | **见** jiàn 보다, 만나다
❶ 见 앞에 시간이나 장소를 나타내는 말을 써서 '(언제) 보자', '(어디에서) 보자'라고 표현한다.

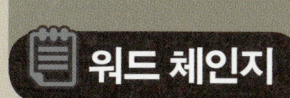
워드 체인지

▶ 단어를 교체하여 다양한 문장을 말해 보세요.

_____ 에(서) 봐!

_____ 见!
_____ jiàn!

[1] **明天**
míngtiān
내일

[2] **下次**
xià cì
나중, 다음번

[3] **中午**
zhōngwǔ
점심(시간), 정오

[4] **下午**
xiàwǔ
오후

[5] **周末**
zhōumò
주말

[6] **公司**
gōngsī
회사

리듬 러닝

▶ 앞에서 배운 내용을 리듬으로 따라 해 보세요.

잘 가! 　　　　　**再见!**
　　　　　　　　　Zàijiàn!

내일 봐! 　　　**明天见!**
　　　　　　　　Míngtiān jiàn!

나중에 봐! 　　**下次见!**
　　　　　　　　Xià cì jiàn!

점심에 봐! 　　**中午见!**
　　　　　　　　Zhōngwǔ jiàn!

오후에 봐! 　　**下午见!**
　　　　　　　　Xiàwǔ jiàn!

주말에 봐! 　　**周末见!**
　　　　　　　　Zhōumò jiàn!

회사에서 봐! 　**公司见!**
　　　　　　　　Gōngsī jiàn!

배고프면 터치! 饿了吗 어플

현대인들이 손에서 놓지 않는 스마트폰, 그 안에는 내비게이션 어플, 쇼핑 어플 등 각종 편리한 어플이 넘쳐난다. 그 중에서 빼놓을 수 없는 건? 배고플 때 전화 한 통이면 OK! 바로 음식 배달 어플이 아닐까?

스마트폰이 대중화되면서 중국인들에게도 음식 배달 어플이 인기다. 따로 배달 서비스를 제공하지 않는 음식점에 방문해서 포장 배달까지 해 주기도 한다. 이름도 재치 만점인 '饿了吗? È le ma?'로, 해석하면 '배고프니?'라는 뜻이다.

배고프다 饿 è

먹다 吃 chī

배달 음식 外卖 wàimài

Theme2
소개

DAY 05	성씨
DAY 06	이름
DAY 07	나이
DAY 08	관계 1
DAY 09	관계 2
DAY 10	국가

| 성씨 | 당신의 성씨는 무엇입니까?

Day 05

당신의 성씨는 무엇입니까?

A 您贵姓?
Nín guìxìng?

저는 김가입니다.

B ❶免贵姓金。
Miǎn guì xìng Jīn.

Tip

贵姓 guìxìng [높임말] 성씨가 무엇입니까 | 免 miǎn 제거하다, 취소하다 | 贵 guì 상대방과 관련 있는 사물을 높여 부르는 말 | 姓 xìng 성이 ~이다, 성, 성씨 | 金 Jīn 김(성씨)

❶ 免贵는 상대방이 贵姓이라는 높임말로 성씨를 묻는 경우, 겸손하게 대답할 때 사용한다.

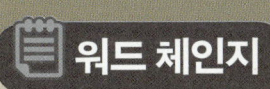 워드 체인지

▶ 단어를 교체하여 다양한 문장을 말해 보세요.

저는 _____가입니다.

免贵姓 _____。
Miǎn guì xìng _____.

1. 金 Jīn 김
2. 崔 Cuī 최
3. 朴 Piáo 박
4. 王 Wáng 왕
5. 李 Lǐ 이
6. 赵 Zhào 조

리듬 러닝

▶ 앞에서 배운 내용을 리듬으로 따라 해 보세요.

당신의 성씨는 무엇입니까?　　您贵姓?
　　　　　　　　　　　　　　　Nín guìxìng?

저는 김가입니다.　　免贵姓金。
　　　　　　　　　Miǎn guì xìng Jīn.

저는 최가입니다.　　免贵姓崔。
　　　　　　　　　Miǎn guì xìng Cuī.

저는 박가입니다.　　免贵姓朴。
　　　　　　　　　Miǎn guì xìng Piáo.

저는 왕가입니다.　　免贵姓王。
　　　　　　　　　Miǎn guì xìng Wáng.

저는 이가입니다.　　免贵姓李。
　　　　　　　　　Miǎn guì xìng Lǐ.

저는 조가입니다.　　免贵姓赵。
　　　　　　　　　Miǎn guì xìng Zhào.

중국인이 즐겨 사용하는 호칭

한국에서는 자신보다 나이가 많으면 '형'이나 '누나', '언니', '오빠', 자신보다 나이가 적으면 '동생'이라는 가족 관계의 호칭을 쓴다. 그렇다면 중국에서는 자신보다 나이가 많거나 적은 사람에게 어떤 호칭을 즐겨 사용할까?

중국인은 나이가 많은 사람에게는 성씨 앞에 '老 lǎo'를, 나이가 적은 사람에게는 성씨 앞에 '小 xiǎo'를 붙여서 부르곤 한다. 이때의 '老'는 '늙다'라는 뜻이 아닌 존중과 친근함을 나타내는 표현이며, 자신보다 나이가 많은 사람에게 사용한다. '小'는 자기보다 어린 사람에게 친근함을 나타내는 표현이다.

| 이름 | 너는 이름이 뭐니?

Day 06

너는 이름이 뭐니?

A 你叫❶什么名字?
Nǐ jiào shénme míngzi?

나는 마윈이라고 해.

B 我叫马云。
Wǒ jiào Mǎ Yún.

Tip

叫 jiào ~이라고 하다, 부르다 | 什么 shénme 무엇 | 名字 míngzi 이름 | 我 wǒ 나, 저 |
马云 Mǎ Yún 마윈(중국의 기업가, 알리바바그룹 CEO)

❶ 什么는 '무엇', '무슨', '어떤', '어느' 등의 다양한 뜻으로 쓰여서 의문문을 만든다.

36

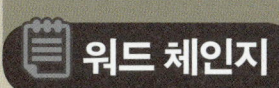 워드 체인지

▶ 단어를 교체하여 다양한 문장을 말해 보세요.

나는 _____ 이라고 해.

我叫 _____。
Wǒ jiào _____.

1. 马云 / Mǎ Yún / 마윈
2. 李小龙 / Lǐ Xiǎolóng / 리샤오롱
3. 莫言 / Mò Yán / 모옌
4. 姚明 / Yáo Míng / 야오밍
5. 朴智星 / Piáo Zhìxīng / 박지성
6. 林肯 / Lín Kěn / 링컨

리듬 러닝

▶ 앞에서 배운 내용을 리듬으로 따라 해 보세요.

너는 이름이 뭐니?　　你叫什么名字?
　　　　　　　　　　Nǐ jiào shénme míngzi?

나는 마윈이라고 해.　　我叫马云。
　　　　　　　　　　Wǒ jiào Mǎ Yún.

나는 리샤오롱이라고 해.　　我叫李小龙。
　　　　　　　　　　　　Wǒ jiào Lǐ Xiǎolóng.

나는 모옌이라고 해.　　我叫莫言。
　　　　　　　　　　Wǒ jiào Mò Yán.

나는 야오밍이라고 해.　　我叫姚明。
　　　　　　　　　　　Wǒ jiào Yáo Míng.

나는 박지성이라고 해.　　我叫朴智星。
　　　　　　　　　　　Wǒ jiào Piáo Zhìxīng.

나는 링컨이라고 해.　　我叫林肯。
　　　　　　　　　　Wǒ jiào Lín Kěn.

차이나

중국 청년들이 마윈에게 열광하는 이유!

알리바바그룹의 회장 마윈은 중국뿐만 아니라 세계적으로 영향력 있는 기업가로 꼽힌다. 성공한 기업가가 많지만 마윈이 특히 존경받는 이유는 무엇일까?

마윈은 흔한 재벌, 대기업 총수와 달리 보통 사람들과 비슷한 가정 환경에서 태어나 자신의 능력으로 기업을 일군 CEO이다. 마윈이 일찌감치 온라인 상거래의 잠재력을 알아보고 창업에 나섰을 때 미치광이 취급을 받기 일쑤였으며, 한때 심각한 자금난에도 시달렸다고 한다. 하지만 마윈은 절대 포기하지 않고 위기를 기회로 활용하여 알리바바를 세계적인 기업으로 성장시켰다.

마윈 马云 Mǎ Yún

인터넷 쇼핑 网购 wǎnggòu

알리바바 阿里巴巴 Ālǐbābā

| 나이 | 나이가 어떻게 되세요?

Day 07

나이가 어떻게 되세요?

A 你❶多大❷了?
　　Nǐ duō dà le?

스무 살입니다.

B 二十岁了。
　　Èrshí suì le.

Tip

多 duō 얼마나 | 大 dà (수량이) 많다 | 了 le ~이 되었다 | 二十 èrshí 스물, 20 | 岁 suì 살, 세(나이를 세는 단위)

❶ '多大?'는 나이를 묻는 일반적인 표현이다. 열 살 이하일 경우 '几岁? Jǐ suì?', 연장자일 경우 '多大 年纪? Duō dà niánjì?'로 나이를 묻는다.

❷ 여기에서 了는 문장 끝에 쓰여 동작이나 상황이 변화되었음을 나타낸다.

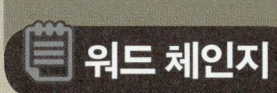 워드 체인지

▶ 단어를 교체하여 다양한 문장을 말해 보세요.

_____ 살입니다.

_____ 岁了。
　　　suì le.

① 二十
èrshí
스물, 20

② 三十
sānshí
서른, 30

③ 十六
shíliù
열여섯, 16

④ 二十七
èrshíqī
스물일곱, 27

⑤ 三十八
sānshíbā
서른여덟, 38

⑥ 四十九
sìshíjiǔ
마흔아홉, 49

리듬 러닝

▶ 앞에서 배운 내용을 리듬으로 따라 해 보세요.

나이가 어떻게 되세요?

你多大了?
Nǐ duō dà le?

스무 살입니다.　　**二十岁了。**
　　　　　　　　　Èrshí　suì　le.

서른 살입니다.　　**三十岁了。**
　　　　　　　　　Sānshí　suì　le.

열여섯 살입니다.　　**十六岁了。**
　　　　　　　　　　Shíliù　suì　le.

스물일곱 살입니다.　　**二十七岁了。**
　　　　　　　　　　　Èrshíqī　suì　le.

서른여덟 살입니다.　　**三十八岁了。**
　　　　　　　　　　　Sānshíbā　suì　le.

마흔아홉 살입니다.　　**四十九岁了。**
　　　　　　　　　　　Sìshíjiǔ　suì　le.

중국인의 손가락 숫자 표현

중국에서 숫자를 말할 때, 혼동을 방지하기 위해 다섯 손가락으로 표현하는 방법이 있다. 중국에서 흔히 쓰는 손가락 숫자 표현을 알아보자.

손가락 숫자 표현은 중국인들이 계산을 할 때나 전화번호를 교환할 때 잘못 듣고 실수하는 것을 방지하기 위해 자주 쓴다. 특히 재래시장이나 야시장 같은 곳에서는 상인들이 손가락으로 금액을 알려주는 모습을 흔히 볼 수 있으므로 알아 두면 편리하다. 또한 전화번호나 방 번호를 말할 때는 7 qī와 발음상 혼동을 방지하기 위해 一 yī를 yāo로 발음한다.

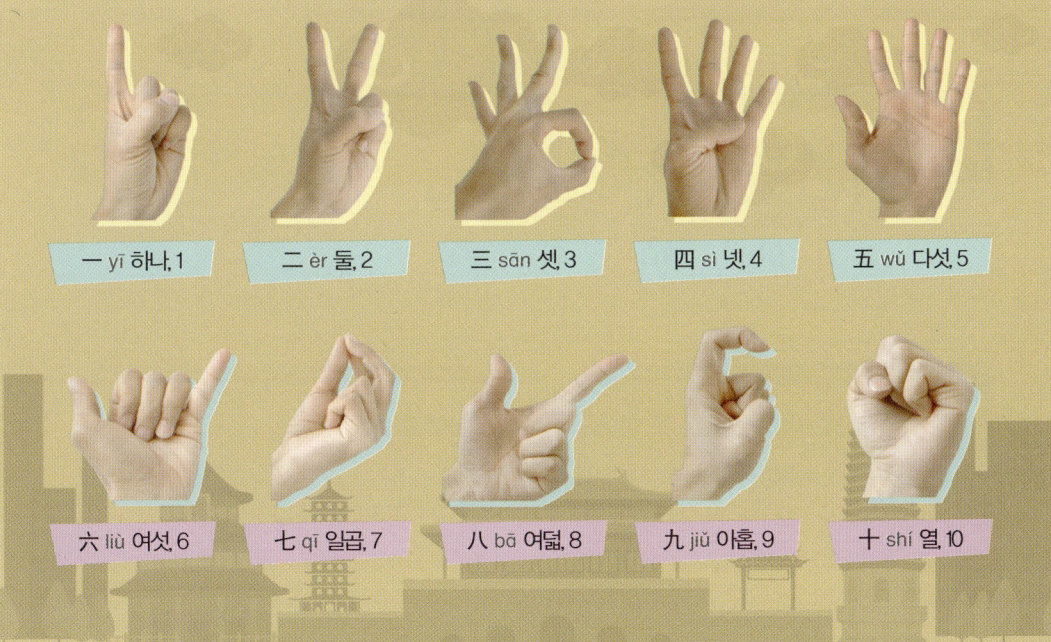

一 yī 하나, 1   二 èr 둘, 2   三 sān 셋, 3   四 sì 넷, 4   五 wǔ 다섯, 5

六 liù 여섯, 6   七 qī 일곱, 7   八 bā 여덟, 8   九 jiǔ 아홉, 9   十 shí 열, 10

| 관계 1 | 그는 누구니?

Day 08

그는 누구니?

A 他❶是谁?
　　Tā shì shéi?

그는 내 아들이야.

B 他是我❷儿子。
　　Tā shì wǒ érzi.

Tip

他 tā 그 | 是 shì ~이다 | 谁 shéi 누구 | 儿子 érzi 아들

❶ 是의 부정 표현은 不是 búshì '~이 아니다'이다.
❷ '딸'은 女儿 nǚ'ér이라고 하고, '자녀'는 孩子 háizi 또는 子女 zǐnǚ라고 한다.

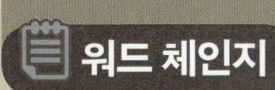 **워드 체인지**

▶ 단어를 교체하여 다양한 문장을 말해 보세요.

그는 내 _____ (이)야.

他是我 ⬚ 。
Tā shì wǒ _____.

1. 儿子
érzi
아들

2. 朋友
péngyou
친구

3. 同学
tóngxué
학교 친구, 동창(생)

4. 学生
xuésheng
제자, 학생

5. 同屋
tóngwū
룸메이트

6. 同事
tóngshì
직장 동료

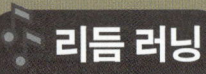 **리듬 러닝**

▶ 앞에서 배운 내용을 리듬으로 따라 해 보세요.

| 그는 누구니? | 他是谁?
Tā shì shéi? |

그는 내 아들이야. 他是我儿子。
　　　　　　　　　Tā shì wǒ érzi.

그는 내 친구야. 他是我朋友。
　　　　　　　　Tā shì wǒ péngyou.

그는 내 학교 친구야. 他是我同学。
　　　　　　　　　　Tā shì wǒ tóngxué.

그는 내 제자야. 他是我学生。
　　　　　　　　Tā shì wǒ xuésheng.

그는 내 룸메이트야. 他是我同屋。
　　　　　　　　　　Tā shì wǒ tóngwū.

그는 내 직장 동료야. 他是我同事。
　　　　　　　　　　Tā shì wǒ tóngshì.

변화하는 중국, 달라지는 꽌시 문화

중국에서 비즈니스를 하려면 가오꽌시[搞关系 gǎo guānxi]를 잘해야 한다는 말이 있다. 가오꽌시란 과연 무엇일까? 중국의 꽌시[关系 guānxi] 문화에 대해서 알아보자.

가오꽌시를 직역하면? '관계를 맺는다'라는 뜻으로, 중국인들에게 가오꽌시란 '친분을 쌓고 인맥을 만든다'는 의미로 통한다. 중국에서는 꽌시 때문에 될 일도 안 되고, 안 될 일도 된다고 하니 꽌시의 중요성은 아무리 강조해도 지나치지 않을 것이다. 예전에는 꽌시 문화가 낙하산 인사 등 부정적인 느낌이 강했으나, 최근 중국 정부를 중심으로 자정 노력이 이루어져 건강한 꽌시 문화가 점차 자리 잡는 추세이다.

가오꽌시 搞关系 gǎo guānxi

동료 同事 tóngshì

비즈니스 商务 shāngwù

| 관계 2 | 이 분은 누구시니?

Day 09

이 분은 누구시니?

A 这位是谁?
Zhè wèi shì shéi?

우리 아빠야.

B 是我爸爸。
Shì wǒ bàba.

Tip

这 zhè 이, 이것, 여기 | 位 wèi [높임말] 분, 명(사람을 세는 단위) | 爸爸 bàba 아빠, 아버지

❶ 位는 여기에서 '분', '명'이라는 뜻으로 높임, 공경의 의미를 나타낸다.

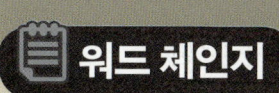

▶ 단어를 교체하여 다양한 문장을 말해 보세요.

우리 _____ (이)야.

是我 ⬚ 。
Shì wǒ _____.

1. 爸爸 / bàba / 아빠, 아버지
2. 妈妈 / māma / 엄마, 어머니
3. 哥哥 / gēge / 형, 오빠
4. 姐姐 / jiějie / 누나, 언니
5. 弟弟 / dìdi / 남동생
6. 妹妹 / mèimei / 여동생

리듬 러닝

▶ 앞에서 배운 내용을 리듬으로 따라 해 보세요.

이 분은 누구시니?　　这位是谁?
　　　　　　　　　　Zhè wèi shì shéi?

우리 아빠야.　　是我爸爸。
　　　　　　　Shì wǒ bàba.

우리 엄마야.　　是我妈妈。
　　　　　　　Shì wǒ māma.

우리 형(오빠)이야.　　是我哥哥。
　　　　　　　　　Shì wǒ gēge.

우리 누나(언니)야.　　是我姐姐。
　　　　　　　　　Shì wǒ jiějie.

내 남동생이야.　　是我弟弟。
　　　　　　　Shì wǒ dìdi.

내 여동생이야.　　是我妹妹。
　　　　　　　Shì wǒ mèimei.

소황제, 소공주

2016년부터 중국의 가족 정책이 '확' 바뀌었다. 30년 이상 유지해 오던 1가구 1자녀 정책이 전격적으로 폐지되고 노동력 부족, 성비 불균형 현상 등을 해결할 수 있는 1가구 2자녀 정책이 시행되었다. 그동안 중국의 산아제한 정책[计划生育 jìhuà shēngyù] 때문에 자주 쓰이게 된 단어들을 알아보자.

- 소황제[小皇帝 xiǎo huángdì] : 한 자녀 가정에서 온갖 사랑과 극진한 보살핌을 받고 응석받이로 곱게 자란 남자아이
- 소공주[小公主 xiǎo gōngzhǔ] : '소황제'에 대응하는 말로, 응석받이로 곱게 자란 여자아이
- 빠링허우[80后 bālínghòu] : 1980년 이후에 태어나 중국의 급속한 발전 속에 소황제, 소공주 대우를 받으며 자란 세대
- 지우링허우[90后 jiǔlínghòu] : 1990년 이후에 태어난 세대로 중국의 새로운 소비 형태와 문화를 만들어 가는 신소비 세력

| 국가 | 그녀는 어느 나라 사람이니?

Day 10

그녀는 어느 나라 사람이니?

A ❶她是 ❷哪 国人?
　Tā shì nǎ guó rén?

그녀는 프랑스 사람이야.

B 她是法国人。
　Tā shì Fǎguó rén.

> **Tip**
>
> 她 tā 그녀 | 哪 nǎ 어느 | 国 guó 나라 | 人 rén 사람 | 法国 Fǎguó 프랑스
>
> ❶ 她는 '그녀'라는 뜻이고, 사람 이외의 '그(것)', '저(것)'을 가리킬 때는 '它 tā를 쓴다.
> ❷ 哪는 여기에서 '어느'라는 뜻으로 불특정한 대상을 가리키며, 의문문에 쓰인다.

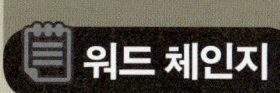 워드 체인지

▶ 단어를 교체하여 다양한 문장을 말해 보세요.

그녀는 _____ 사람이야.

她是 ⬚ 人。
Tā shì _____ rén.

① 法国
Fǎguó
프랑스

② 英国
Yīngguó
영국

③ 韩国
Hánguó
한국

④ 中国
Zhōngguó
중국

⑤ 日本
Rìběn
일본

⑥ 美国
Měiguó
미국

리듬 러닝

▶ 앞에서 배운 내용을 리듬으로 따라 해 보세요.

그녀는 어느 나라 사람이니?　　她是哪国人?
　　　　　　　　　　　　　　Tā shì nǎ guó rén?

그녀는 프랑스 사람이야.　　她是法国人。
　　　　　　　　　　　　Tā shì Fǎguó rén.

그녀는 영국 사람이야.　　她是英国人。
　　　　　　　　　　　Tā shì Yīngguó rén.

그녀는 한국 사람이야.　　她是韩国人。
　　　　　　　　　　　Tā shì Hánguó rén.

그녀는 중국 사람이야.　　她是中国人。
　　　　　　　　　　　Tā shì Zhōngguó rén.

그녀는 일본 사람이야.　　她是日本人。
　　　　　　　　　　　Tā shì Rìběn rén.

그녀는 미국 사람이야.　　她是美国人。
　　　　　　　　　　　Tā shì Měiguó rén.

세계 속 작은 중국, 차이나타운

인구 1위 국가답게 전 세계 곳곳에는 수많은 중국인들이 살고 있으며, 그들이 세운 차이나타운 역시 여러 나라에서 만날 수 있다. 세계 속 이름 높은 차이나타운을 살펴보고, 우리나라 인천 차이나타운에도 한번쯤 들러 보면 어떨까?

- **샌프란시스코 차이나타운**
  1848년 형성된 샌프란시스코 차이나타운은 부시 스트리트와 애비뉴가 만나는 곳에 있으며, '천하위공(天下为公)'이라고 쓰인 누문이 유명하다.
- **파리 차이나타운**
  유럽에서 손꼽히는 차이나타운으로 프랑스식 건물에 중국식 간판의 조화가 이색적인 곳이다. 이곳에 가면 한자로 된 맥도날드[麦当劳 Màidāngláo] 간판도 볼 수 있다.
- **요코하마 차이나타운**
  19세기 중엽에 세워진 일본 내의 차이나타운이다. 이곳에는 무려 500개 이상의 중국 상점이 있다고 한다.

차이나타운 唐人街 Tángrénjiē

천하위공 天下为公 tiānxiàwéigōng

맥도날드 麦当劳 Màidāngláo

Theme3
일상

DAY 11 | 시간

DAY 12 | 요일

DAY 13 | 생일

DAY 14 | 날짜

DAY 15 | 날씨

DAY 16 | 물건 찾기

| 시간 | 지금 몇 시니?

Day 11

지금 몇 시니?

A 现在❶几点?
Xiànzài jǐ diǎn?

지금 1시야.

B 现在❷一点。
Xiànzài yī diǎn.

Tip

现在 xiànzài 지금, 현재 | 几 jǐ 몇 | 点 diǎn 시 | 一 yī 하나, 1

❶ 几는 '몇'이라는 뜻으로 주로 10 미만의 수를 가리키나, 많지 않은 수를 가리킬 때 쓰이기도 한다.
❷ 2시를 표현할 때는 两点 liǎng diǎn이라고 한다. 시간을 표현하는 단위 '시'는 点, '분'은 分 fēn, '초'는 秒 miǎo이며, '15분'은 一刻 yí kè, '30분'은 주로 半 bàn으로 표현한다.

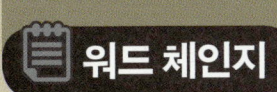 워드 체인지

▶ 단어를 교체하여 다양한 문장을 말해 보세요.

지금 _____ (이)야.

现在 ⬚ 。

Xiànzài _____.

1. 一点
yī diǎn
1시

2. 两点
liǎng diǎn
2시

3. 九点十五(分)
jiǔ diǎn shíwǔ (fēn)
9시 15분

4. 九点一刻
jiǔ diǎn yí kè
9시 15분

5. 十点三十(分)
shí diǎn sānshí (fēn)
10시 30분

6. 十点半
shí diǎn bàn
10시 반

리듬 러닝

▶ 앞에서 배운 내용을 리듬으로 따라 해 보세요.

지금 몇 시니?　　现在几点?
　　　　　　　　Xiànzài jǐ diǎn?

지금 1시야.　　现在一点。
　　　　　　　Xiànzài yī diǎn.

지금 2시야.　　现在两点。
　　　　　　　Xiànzài liǎng diǎn.

지금 9시 15분이야.　　现在九点十五(分)。
　　　　　　　　　　Xiànzài jiǔ diǎn shíwǔ (fēn).

지금 9시 15분이야.　　现在九点一刻。
　　　　　　　　　　Xiànzài jiǔ diǎn yí kè.

지금 10시 30분이야.　　现在十点三十(分)。
　　　　　　　　　　Xiànzài shí diǎn sānshí (fēn).

지금 10시 반이야.　　现在十点半。
　　　　　　　　　Xiànzài shí diǎn bàn.

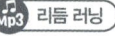

중국은 모든 지역이 같은 시간을 쓴다?

전체 면적 약 960만㎢의 거대한 나라 중국, 땅덩이가 넓은 만큼 시차는 분명 존재할 텐데 지역을 불문하고 같은 시간을 사용할까? 아니면 다른 시간을 사용할까?

중국의 동쪽 끝은 헤이룽지앙[黑龙江]과 우쑤리지앙[乌苏里江]의 합류점이고, 서쪽 끝은 신쟝[新疆]의 파미르[帕米尔] 고원이다. 이 두 지역은 경도상 62도 정도 차이가 나기 때문에 정상대로라면 동쪽 끝에서 서쪽 끝까지 최대 4시간 정도의 시차가 존재한다. 파미르 고원 사람들이 저녁 식사를 할 때 동부 연안 사람들은 이미 깊은 잠에 빠져 있는 셈이 된다. 하지만 중국 전역은 수도인 베이징 시간을 기준으로 하기 때문에 베이징과 멀리 떨어져 있는 신장 같은 경우는 비공식적으로 현지의 시차를 감안하여 생활한다고 한다.

중국 대륙 中国大陆
Zhōngguó dàlù

파미르 고원 帕米尔高原
Pàmǐ'ěr Gāoyuán

헤이룽지앙 黑龙江
Hēilóng Jiāng

| 요일 | 오늘은 무슨 요일이니?

Day 12

오늘은 무슨 요일이니?

A 今天星期几?
Jīntiān xīngqī jǐ?

오늘은 월요일이야.

B 今天❶星期一。
Jīntiān xīngqīyī.

> **Tip**
> 今天 jīntiān 오늘, 금일 | 星期 xīngqī 요일 | 星期一 xīngqīyī 월요일
> ❶ '일요일'은 星期天 xīngqītiān 또는 星期日 xīngqīrì라고 하며, 星期 대신 周 zhōu 또는 礼拜 lǐbài를 쓰기도 한다.

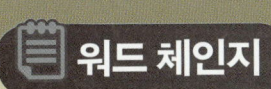

▶ 단어를 교체하여 다양한 문장을 말해 보세요.

오늘은 _____ 이야.

今天 _____。
Jīntiān _____.

1. 星期一
xīngqīyī
월요일

2. 星期二
xīngqī'èr
화요일

3. 星期三
xīngqīsān
수요일

4. 星期四
xīngqīsì
목요일

5. 星期五
xīngqīwǔ
금요일

6. 星期六
xīngqīliù
토요일

리듬 러닝

▶ 앞에서 배운 내용을 리듬으로 따라 해 보세요.

오늘은 무슨 요일이니?　　**今天星期几?**
　　　　　　　　　　　　Jīntiān　xīngqī　jǐ?

오늘은 월요일이야.　　**今天星期一。**
　　　　　　　　　　Jīntiān　xīngqīyī.

오늘은 화요일이야.　　**今天星期二。**
　　　　　　　　　　Jīntiān　xīngqī'èr.

오늘은 수요일이야.　　**今天星期三。**
　　　　　　　　　　Jīntiān　xīngqīsān.

오늘은 목요일이야.　　**今天星期四。**
　　　　　　　　　　Jīntiān　xīngqīsì.

오늘은 금요일이야.　　**今天星期五。**
　　　　　　　　　　Jīntiān　xīngqīwǔ.

오늘은 토요일이야.　　**今天星期六。**
　　　　　　　　　　Jīntiān　xīngqīliù.

중국의 다양한 요일 표현

우리나라에서는 요일 표현이 그다지 많지 않은 데 반해 중국은 요일을 표현하는 단어가 다양한 편이다. 중국의 요일 표현에 대해 살펴보도록 하자.

우리나라에서는 요일을 '월(月), 화(火), 수(水) ~'로 표현하지만, 중국은 '주(周)'를 나타내는 '星期 xīngqī, 礼拜 lǐbài, 周 zhōu' 뒤에 숫자 '一, 二, 三 ……'을 붙여서 표현한다. 요일을 말할 때에는 보편적으로 星期를 쓰고, 월화드라마, 수목드라마 등을 말할 때에는 周를 사용한 요일 표현에 드라마[电视剧 diànshìjù]라는 단어를 붙여서 周一周二电视剧, 周三周四电视剧라고 한다. 또 주말드라마는 주말[周末 zhōumò]과 드라마를 붙여 써서 周末电视剧라고 한다.

		2017 年 1 月					
星期日	星期一	星期二	星期三	星期四	星期五	星期六
1	2	3	4	5	6	7
8	9	10	11	12	13	14
15	16	17	18	19	20	21
22	23	24	25	26	27	28
29	30	31				

달력 台历 táilì

주말드라마 周末电视剧
zhōumò diànshìjù

| 생일 | 오늘이 네 생일이지?

Day 13

오늘이 네 생일이지?

A 今天是你的生日[1]吧?
　　Jīntiān shì nǐ de shēngrì ba?

아니, 내일이야.

B [2]不, 是明天。
　　Bù, shì míngtiān.

Tip

的 de ~의 | 生日 shēngrì 생일 | 吧 ba ~이지? | 不 bù 아니(다)

① 여기에서 吧는 문장 끝에 쓰여 추측과 의문을 나타낸다.
② 不가 단독으로 쓰일 때는 묻는 말에 대한 부정을 나타낸다.

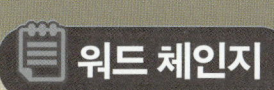

▶ 단어를 교체하여 다양한 문장을 말해 보세요.

아니, _____ (이)야.

不，是 ◯。
Bù, shì _____.

1. 明天
míngtiān
내일

2. 昨天
zuótiān
어제

3. 后天
hòutiān
모레

4. 前天
qiántiān
그저께

5. 下周一
xià zhōuyī
다음 주 월요일

6. 上周六
shàng zhōuliù
지난주 토요일

리듬 러닝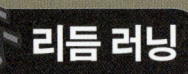

▶ 앞에서 배운 내용을 리듬으로 따라 해 보세요.

오늘이 네 생일이지?　　今天是你的生日吧?
　　　　　　　　　　　Jīntiān shì nǐ de shēngrì ba?

아니, 내일이야.　　　　不，是明天。
　　　　　　　　　　Bù, shì míngtiān.

아니, 어제야.　　　　　不，是昨天。
　　　　　　　　　　Bù, shì zuótiān.

아니, 모레야.　　　　　不，是后天。
　　　　　　　　　　Bù, shì hòutiān.

아니, 그저께야.　　　　不，是前天。
　　　　　　　　　　Bù, shì qiántiān.

아니, 다음 주 월요일이야.　不，是下周一。
　　　　　　　　　　Bù, shì xià zhōuyī.

아니, 지난주 토요일이야.　不，是上周六。
　　　　　　　　　　Bù, shì shàng zhōuliù.

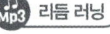

중국의 생일 문화

한국에서는 보편적으로 생일에 미역국을 먹지만, 중국에서는 생일에 어떤 음식을 먹을까? 중국의 생일 문화에 대해 알아보자.

중국에서는 생일이면 장수면[长寿面 chángshòumiàn]을 먹는다. 面은 '면'이라는 뜻 외에 '얼굴'이라는 뜻도 갖고 있는데, 얼굴이 길수록 장수한다[长寿 chángshòu]는 속설에 따라 생일에는 긴 국수를 먹는 풍습이 생기게 되었다. 장수면은 한 가닥의 면이 길게 이어져 있으며, 면을 끊지 않고 끝까지 먹으면 장수한다는 속설이 있다.

생일 케이크 生日蛋糕 shēngrì dàngāo

장수를 뜻하는 寿 shòu

장수면 长寿面 chángshòumiàn

| 날짜 | 내일은 몇 월 며칠이니?

Day 14

내일은 몇 월 며칠이니?

A 明天是几月几❶号?
Míngtiān shì jǐ yuè jǐ hào?

내일은 1월 1일이야.

B 明天是一月一号。
Míngtiān shì yī yuè yī hào.

Tip

月 yuè 월, 달(月) | 号 hào 일(日)

❶ 号는 날짜를 표현할 때뿐만 아니라 상품의 호수, 사이즈 등을 표현할 때 '～호'로 쓰기도 한다.

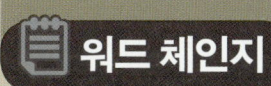 워드 체인지

▶ 단어를 교체하여 다양한 문장을 말해 보세요.

내일은 _____이야.

明天是 _____。
Míngtiān shì _____.

1. 一月一号
yī yuè yī hào
1월 1일

2. 二月十四号
èr yuè shísì hào
2월 14일

3. 三月五号
sān yuè wǔ hào
3월 5일

4. 六月七号
liù yuè qī hào
6월 7일

5. 八月九号
bā yuè jiǔ hào
8월 9일

6. 十一月十一号
shíyī yuè shíyī hào
11월 11일

리듬 러닝

▶ 앞에서 배운 내용을 리듬으로 따라 해 보세요.

내일은 몇 월 며칠이니? 明天是几月几号?
Míngtiān shì jǐ yuè jǐ hào?

내일은 1월 1일이야. 明天是一月一号。
Míngtiān shì yī yuè yī hào.

내일은 2월 14일이야. 明天是二月十四号。
Míngtiān shì èr yuè shísì hào.

내일은 3월 5일이야. 明天是三月五号。
Míngtiān shì sān yuè wǔ hào.

내일은 6월 7일이야. 明天是六月七号。
Míngtiān shì liù yuè qī hào.

내일은 8월 9일이야. 明天是八月九号。
Míngtiān shì bā yuè jiǔ hào.

내일은 11월 11일이야. 明天是十一月十一号。
Míngtiān shì shíyī yuè shíyī hào.

중국의 빼빼로 데이

11월 11일 빼빼로 데이는 우리나라에만 있는 게 아니다?! 중국 젊은이들은 빼빼로 데이에 무엇을 하며 지낼까? 중국의 빼빼로 데이에 대해 알아보자.

한국에서 '빼빼로 데이'라고 부르는 11월 11일을 중국에서는 솔로의 날, 솔로 데이[光棍节 Guānggùnjié]라 부른다. 하나를 뜻하는 숫자 1이 4개나 있기 때문에 '솔로 데이'라고 부르게 되었는데, 우리나라의 빼빼로 데이가 '커플들을 위한 기념일'이라면 중국의 솔로 데이는 '솔로들을 위한 기념일'의 느낌이 강한 편이다. 이날에는 솔로들끼리 선물을 교환하거나 파티, 소개팅 등을 하기도 하며, 솔로들을 겨냥한 할인 행사도 많아서 '중국판 블랙 프라이데이'라 불리기도 한다.

솔로 데이 할인 행사 光棍节打折活动
Guānggùnjié dǎzhé huódòng

빼빼로 과자 手指棒饼干
shǒuzhǐbàng bǐnggān

파티 派对 pàiduì

| 날씨 | 주말에 날씨 어때? |

Day 15

주말에 날씨 어때?

A 周末天气❶怎么样?
Zhōumò　tiānqì　zěnmeyàng?

주말에 비 와.

B 周末❷下雨。
Zhōumò　xià　yǔ.

Tip

周末 zhōumò 주말 | 天气 tiānqì 날씨 | 怎么样 zěnmeyàng 어떠하다 | 下 xià 내리다, 떨어지다 | 雨 yǔ 비

❶ 怎么样은 '어떠하다'라는 뜻으로 사람이나 사물, 혹은 어떤 상황이나 상대방의 의견에 대해 물어볼 때 사용한다.

❷ 下는 '내리다', '떨어지다'라는 뜻으로, 날씨를 말할 때 눈이나 비가 '오다', '내리다'라는 뜻을 나타낸다.

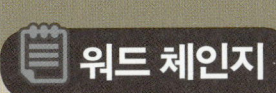 워드 체인지

▶ 단어를 교체하여 다양한 문장을 말해 보세요.

주말에 _____.

周末 ⬚ 。

Zhōumò _____.

1. 下雨
xià yǔ
비가 오다(내리다)

2. 下雪
xià xuě
눈이 오다(내리다)

3. 很冷
hěn lěng
아주 춥다

4. 很热
hěn rè
아주 덥다

5. 刮风
guāfēng
바람이 불다

6. 暖和
nuǎnhuo
따뜻하다

리듬 러닝

▶ 앞에서 배운 내용을 리듬으로 따라 해 보세요.

주말에 날씨 어때?
周末天气怎么样?
Zhōumò tiānqì zěnmeyàng?

주말에 비 와.
周末下雨。
Zhōumò xià yǔ.

주말에 눈 와.
周末下雪。
Zhōumò xià xuě.

주말에 아주 추워.
周末很冷。
Zhōumò hěn lěng.

주말에 아주 더워.
周末很热。
Zhōumò hěn rè.

주말에 바람이 불어.
周末刮风。
Zhōumò guāfēng.

주말에 따뜻해.
周末暖和。
Zhōumò nuǎnhuo.

사계절이 공존하는 중국

중국은 광대한 영토를 가진 만큼 지역별로 기후가 매우 다양하다.
같은 시기에도 지역마다 다른 기후를 자랑한다고 하는데
중국의 기후는 어떠한 특징이 있는지 알아보도록 하자.

중국은 남북 간 거리가 약 5,500km, 동서 간 거리가 약 5,200km로, 방대한 면적만큼 지역마다 열대 기후, 고산 기후, 건조 기후 등 여러 기후가 나타난다. 중국의 최남단인 하이난다오[海南島]는 1월 평균 기온이 21도를 웃도는 열대 지역이고, 북쪽에 위치한 하얼빈[哈尔滨]은 1월 평균 기온이 영하 20도를 밑도는 추운 지역이다. 또 서쪽에 위치한 투루판[吐鲁番]은 1월 평균 기온이 0도 이하이며, 월 평균 강수량이 1mm 정도로 건조한 사막 기후를 나타낸다.

하이난다오 海南島 Hǎinándǎo

하얼빈 哈尔滨 Hā'ěrbīn

투루판 吐鲁番 Tǔlǔfān

| 물건 찾기 | 당신은 무엇을 찾으세요?

Day 16

당신은 무엇을 찾으세요?

A 您❶找什么?
Nín zhǎo shénme?

저는 지갑을 찾아요.

B 我找钱包。
Wǒ zhǎo qiánbāo.

Tip
找 zhǎo 찾다, 구하다 | 钱包 qiánbāo 지갑
❶ 找는 주로 사물이나 사람을 찾을 때 쓰인다.

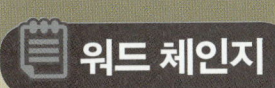 워드 체인지

▶ 단어를 교체하여 다양한 문장을 말해 보세요.

저는 _____ 을(를) 찾아요.

我找 ⬭⬭⬭⬭⬭ 。
Wǒ zhǎo _____.

1. 钱包 / qiánbāo / 지갑
2. 钥匙 / yàoshi / 열쇠
3. 名片 / míngpiàn / 명함
4. 护照 / hùzhào / 여권
5. 充电宝 / chōngdiànbǎo / 보조 배터리
6. 充电器 / chōngdiànqì / 충전기

리듬 러닝

▶ 앞에서 배운 내용을 리듬으로 따라 해 보세요.

당신은 무엇을 찾으세요?　　您找什么?
　　　　　　　　　　　　　　Nín zhǎo shénme?

저는 지갑을 찾아요.　　我找钱包。
　　　　　　　　　　Wǒ zhǎo qiánbāo.

저는 열쇠를 찾아요.　　我找钥匙。
　　　　　　　　　　Wǒ zhǎo yàoshi.

저는 명함을 찾아요.　　我找名片。
　　　　　　　　　　Wǒ zhǎo míngpiàn.

저는 여권을 찾아요.　　我找护照。
　　　　　　　　　　Wǒ zhǎo hùzhào.

저는 보조 배터리를 찾아요.　　我找充电宝。
　　　　　　　　　　　　　　Wǒ zhǎo chōngdiànbǎo.

저는 충전기를 찾아요.　　我找充电器。
　　　　　　　　　　　Wǒ zhǎo chōngdiànqì.

대륙의 실수? 대륙의 성장!

최근 중국은 고품질을 자랑하는 합리적인 가격의 제품들을 출시하며 전세계 시장을 놀라게 했다. 우리나라에서도 이미 많이 사용하고 있는 중국 제품들과 몇몇 기업에 대해 알아보자.

'중국 물건은 저렴한 대신 품질이 좋지 않다'라는 말은 이제 옛말이 되었다. 한동안 '대륙의 실수'라 불리던 샤오미[小米 Xiǎomǐ]가 바로 그 대표 주자. 보조 배터리, 빔 프로젝터 등 샤오미의 여러 전자 제품은 이미 우리나라에서도 많은 사람들이 사용할 만큼 그 품질을 인정받았다. 또한 최근에는 화웨이[华为 Huáwéi]라는 통신 네트워크 장비 업체 역시 훌륭한 품질로 인정받고 있다.

샤오미 보조 배터리
小米充电宝
Xiǎomǐ chōngdiànbǎo

샤오미 小米 Xiǎomǐ

화웨이 华为 Huáwéi

Theme4
먹거리

DAY 17 | 음료
DAY 18 | 음식
DAY 19 | 음식점
DAY 20 | 맛
DAY 21 | 과일

| 음료 | 너는 무엇을 마실래?

Day 17

너는 무엇을 마실래?

A 你要喝什么?
Nǐ yào hē shénme?

나는 커피를 마실래.

B 我要喝❶咖啡。
Wǒ yào hē kāfēi.

Tip

要 yào ~할 것이다, ~하려고 하다, 원하다 | 喝 hē 마시다 | 咖啡 kāfēi 커피

❶ 咖啡는 영어 발음을 빌려 온 중국식 외래어 표현이다.

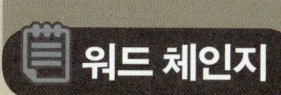

▶ 단어를 교체하여 다양한 문장을 말해 보세요.

나는 _____을(를) 마실래.

我要喝⬚。
Wǒ yào hē _____.

1. 咖啡 / kāfēi / 커피
2. 牛奶 / niúnǎi / 우유
3. 水 / shuǐ / 물
4. 茶 / chá / 차
5. 可乐 / kělè / 콜라
6. 果汁 / guǒzhī / 과일 주스

리듬 러닝

▶ 앞에서 배운 내용을 리듬으로 따라 해 보세요.

너는 무엇을 마실래?

你要喝什么?
Nǐ yào hē shénme?

나는 커피를 마실래.
我要喝咖啡。
Wǒ yào hē kāfēi.

나는 우유를 마실래.
我要喝牛奶。
Wǒ yào hē niúnǎi.

나는 물을 마실래.
我要喝水。
Wǒ yào hē shuǐ.

나는 차를 마실래.
我要喝茶。
Wǒ yào hē chá.

나는 콜라를 마실래.
我要喝可乐。
Wǒ yào hē kělè.

나는 과일 주스를 마실래.
我要喝果汁。
Wǒ yào hē guǒzhī.

판다가 마시는 차茶, 판다 차?

우리에게 익숙한 녹차, 홍차부터 우롱차[乌龙茶], 푸얼차[普洱茶]로 대표되는 발효차까지, 중국은 '차나무의 고향'이라 불릴 만큼 다양한 차를 생산하기로 유명하다. 그렇다면 그중에서도 특히 비싼 차는 무엇이 있을까?

중국 차는 찻잎의 종류와 품질에 따라 가격이 천차만별이다. 그중에서도 비싸다고 손꼽히는 차는 바로 판다 차[熊猫茶 xióngmāochá]이다. 판다의 배설물로 재배한 찻잎은 항암 성분을 다량 함유하여 건강에 이롭다고 알려져 있으며, 그 희소성 때문에 가격이 높은 편이다. 최상품 판다 차는 한 잔에 무려 1,200위안(한화 약 20만 원)에 달한다고 한다.

재스민차 茉莉花茶 mòlihuāchá

보이차 普洱茶 pǔ'ěrchá

판다 차 熊猫茶 xióngmāochá

판다 熊猫 xióngmāo

| 음식 | 너는 무엇을 먹고 싶니?

Day 18

너는 무엇을 먹고 싶니?

A 你①想吃什么?
Nǐ xiǎng chī shénme?

나는 케이크를 먹고 싶어.

B 我想吃蛋糕。
Wǒ xiǎng chī dàngāo.

Tip

想 xiǎng ~하고 싶다 | 吃 chī 먹다 | 蛋糕 dàngāo 케이크

① 想 xiǎng은 '~하고 싶다', '~하려고 하다', '바라다' 등의 뜻으로 어떤 일을 하고 싶은 소망을 나타낸다.

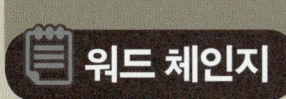 워드 체인지

▶ 단어를 교체하여 다양한 문장을 말해 보세요.

나는 _____를 먹고 싶어.

我想吃 _____。

Wǒ xiǎng chī _____.

1. 蛋糕 dàngāo 케이크
2. 面条 miàntiáo 국수
3. 汉堡 hànbǎo 햄버거
4. 比萨 bǐsà 피자
5. 火锅 huǒguō 샤브샤브
6. 羊肉串(儿) yángròuchuàn(r) 양꼬치

리듬 러닝

▶ 앞에서 배운 내용을 리듬으로 따라 해 보세요.

너는 무엇을 먹고 싶니? 你想吃什么?
Nǐ xiǎng chī shénme?

나는 케이크를 먹고 싶어. 我想吃蛋糕。
Wǒ xiǎng chī dàngāo.

나는 국수를 먹고 싶어. 我想吃面条。
Wǒ xiǎng chī miàntiáo.

나는 햄버거를 먹고 싶어. 我想吃汉堡。
Wǒ xiǎng chī hànbǎo.

나는 피자를 먹고 싶어. 我想吃比萨。
Wǒ xiǎng chī bǐsà.

나는 샤브샤브를 먹고 싶어. 我想吃火锅。
Wǒ xiǎng chī huǒguō.

나는 양꼬치를 먹고 싶어. 我想吃羊肉串(儿)。
Wǒ xiǎng chī yángròuchuàn(r).

 차이나

중국인이 꺼리는 한국의 음식·조리법

웬만한 식재료는 거의 다 요리로 만드는 중국인이지만, 그들도 꺼리는 음식이 있다? 중국인이 좋아하지 않는 한국 음식과 조리법에 대해 알아보자.

한국인에게 있어 게장[蟹酱 xièjiàng]은 최고의 밥도둑이다. 그러나 대부분 중국인은 열을 가하지 않고 만든 게장이나 생선회[生鱼片 shēngyúpiàn], 삭힌 홍어회를 보면 인상을 찌푸린다. 그리고 주로 기름을 두르고 볶은 요리에 익숙한 중국인들은 물에 데쳐서 무친 나물 무침[凉拌菜 liángbàn cài]도 별로 좋아하지 않는다. 향이 짙은 깻잎[苏子叶 sūziyè]도 마찬가지인데, 이는 한국인이 고수[香菜 xiāngcài]를 꺼리는 것과 비슷하다고 할 수 있다.

깻잎 苏子叶 sūziyè

게장 蟹酱 xièjiàng

나물 무침 凉拌菜 liángbàn cài

생선회 生鱼片 shēngyúpiàn

| 음식점 | 저에게 컵 좀 주시겠어요?

Day 19

저에게 컵 좀 주시겠어요?

A ❶请给我杯子好❷吗?
　Qǐng gěi wǒ bēizi hǎo ma?

네, 잠시만 기다리세요.

B ❸好的, 请稍等。
　Hǎode, qǐng shāo děng.

Tip

请 qǐng ~해 주세요, ~하세요 | 给 gěi 주다 | 杯子 bēizi 컵, 잔 | 好 hǎo 좋다 | 吗 ma ~이니? ~입니까? | 好的 hǎode 네, 좋아, 그래 | 稍 shāo 잠시, 조금 | 等 děng 기다리다

❶ 请 qǐng은 상대방에게 부탁이나 요구를 할 때 쓰는 높임 표현이다.
❷ 吗는 문장 끝에 쓰여 의문문을 만든다.
❸ 好的는 상대방의 부탁이나 요구에 응하는 표현이다.

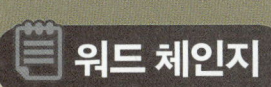 워드 체인지

▶ 단어를 교체하여 다양한 문장을 말해 보세요.

저에게 _____ 좀 주시겠어요?

请给我 ⬚ 好吗?
Qǐng gěi wǒ _____ hǎo ma?

1. 杯子 / bēizi / 컵
2. 盘子 / pánzi / 접시
3. 勺子 / sháozi / 숟가락
4. 筷子 / kuàizi / 젓가락
5. 湿巾 / shījīn / 물티슈
6. 餐巾纸 / cānjīnzhǐ / 냅킨

리듬 러닝

▶ 앞에서 배운 내용을 리듬으로 따라 해 보세요.

| 저에게 컵 좀 주시겠어요? | 请给我杯子好吗?
Qǐng gěi wǒ bēizi hǎo ma? |

저에게 접시 좀 주시겠어요?   请给我盘子好吗?
　　　　　　　　　　　　　　Qǐng gěi wǒ pánzi hǎo ma?

저에게 숟가락 좀 주시겠어요?   请给我勺子好吗?
　　　　　　　　　　　　　　　Qǐng gěi wǒ sháozi hǎo ma?

저에게 젓가락 좀 주시겠어요?   请给我筷子好吗?
　　　　　　　　　　　　　　　Qǐng gěi wǒ kuàizi hǎo ma?

저에게 물티슈 좀 주시겠어요?   请给我湿巾好吗?
　　　　　　　　　　　　　　　Qǐng gěi wǒ shījīn hǎo ma?

저에게 냅킨 좀 주시겠어요?   请给我餐巾纸好吗?
　　　　　　　　　　　　　　Qǐng gěi wǒ cānjīnzhǐ hǎo ma?

네, 잠시만 기다리세요.　　好的，请稍等。
　　　　　　　　　　　　Hǎode, qǐng shāo děng.

중국인의 식사 예절

어느 나라를 가든 그 나라만의 식사 예절이 존재하는 법! 같은 한자 문화권인 중국과 우리나라는 똑같이 젓가락을 쓰는 등 비슷한 점도 많지만, 다른 점도 많다. 중국의 식사 예절에 대해 알아보자.

중국인은 초대받은 손님이 음식을 싹싹 비우는 것을 그리 달가워하지 않는다. 음식을 남기지 않는 것을 접대가 부족하다는 의미로 여기기 때문이다. 그래서 손님은 음식을 남기려고 하는 편이고, 접대하는 사람은 음식을 많이 준비하는 경향이 있다. 또 고개를 숙이고 음식을 먹으면 동물과 같다고 생각해서, 그릇을 들고 식사를 한다. 이는 중국 쌀이 찰기가 덜해 쉽게 흩어지기 때문이기도 하다.

젓가락 筷子 kuàizi

쌀밥 米饭 mǐfàn

접대하다 请客 qǐngkè

국민대표 중국어 첫걸음

| 맛 | 맛이 어때?

Day 20

맛이 어때?

A ❶味道怎么样?
　　Wèidao zěnmeyàng?

조금 셔.

B ❷有点儿酸。
　　Yǒudiǎnr suān.

Tip

味道 wèidao 맛 | 有点儿 yǒudiǎnr 조금, 약간 | 酸 suān 시다

❶ 味道 wèidao는 음식의 맛뿐만 아니라 글을 읽거나 상황 속에서 마음으로 느끼는 '맛', '느낌' 등을 표현할 때에도 쓰인다.
❷ 有点儿은 '조금', '약간'이라는 뜻으로 정도가 심하지 않음을 나타낸다.

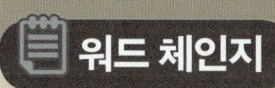 워드 체인지

▶ 단어를 교체하여 다양한 문장을 말해 보세요.

조금 _____.

有点儿 _____。
Yǒudiǎnr _____.

1. 酸 suān 시다
2. 甜 tián 달다
3. 苦 kǔ 쓰다
4. 辣 là 맵다
5. 咸 xián 짜다
6. 淡 dàn 싱겁다

리듬 러닝

▶ 앞에서 배운 내용을 리듬으로 따라 해 보세요.

맛이 어때?
味道怎么样?
Wèidao zěnmeyàng?

조금 셔.
有点儿酸。
Yǒudiǎnr suān.

조금 달아.
有点儿甜。
Yǒudiǎnr tián.

조금 써.
有点儿苦。
Yǒudiǎnr kǔ.

조금 매워.
有点儿辣。
Yǒudiǎnr là.

조금 짜.
有点儿咸。
Yǒudiǎnr xián.

조금 싱거워.
有点儿淡。
Yǒudiǎnr dàn.

야시장의 단골 먹거리

중국은 웬만한 지역에는 모두 야시장[夜市 yèshì]이 있다. 오후 5~6시부터 사람들이 몰려들기 시작하는 중국 야시장에서 꼭 맛봐야 하는 단골 먹거리를 알아보자.

중국 야시장을 대표하는 음식으로는 각종 꼬치를 빼놓을 수 없다. 흔하게 볼 수 있는 양꼬치[羊肉串儿 yángròuchuànr]부터 전갈, 불가사리 등을 끼운 특이한 꼬치도 있다. 살아있는 굼벵이, 전갈, 지네 등을 즉석에서 고르면 바로 꼬챙이에 끼워서 구워 주기도 한다. 이 밖에 중국인도 호불호가 갈리는 냄새가 고약한 취두부[臭豆腐 chòudòufu]와 이제는 우리나라에서도 '버블티'로 인기가 높은 쩐쭈나이차[珍珠奶茶 zhēnzhū nǎichá]도 있다.

양꼬치 羊肉串儿 yángròuchuànr

취두부 臭豆腐 chòudòufu

전갈 꼬치 蝎子串儿 xiēzichuànr

| 과일 | 너는 무슨 과일을 좋아하니?

Day 21

너는 무슨 과일을 좋아하니?

A 你❶爱吃什么水果?
Nǐ ài chī shénme shuǐguǒ?

수박을 좋아해.

B 爱吃西瓜。
Ài chī xīguā.

Tip

爱 ài ~하기를 좋아하다, ~하기를 즐기다 | **水果** shuǐguǒ 과일 | **西瓜** xīguā 수박

❶ 爱는 주로 '사랑하다'라는 뜻으로 쓰이지만, 여기서는 吃 chī '먹다'라는 동사 앞에 쓰여, '~하기를 좋아하다'라는 의미를 나타낸다.

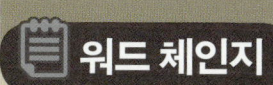 워드 체인지

▶ 단어를 교체하여 다양한 문장을 말해 보세요.

_____ 을(를) 좋아해.

爱吃 _____ 。
Ài chī _____ .

1. 西瓜 xīguā 수박
2. 苹果 píngguǒ 사과
3. 草莓 cǎoméi 딸기
4. 香蕉 xiāngjiāo 바나나
5. 葡萄 pútao 포도
6. 桔子 júzi 귤

리듬 러닝

▶ 앞에서 배운 내용을 리듬으로 따라 해 보세요.

너는 무슨 과일을 좋아하니? **你爱吃什么水果?**
Nǐ ài chī shénme shuǐguǒ?

수박을 좋아해.
爱吃西瓜。
Ài chī xīguā.

사과를 좋아해.
爱吃苹果。
Ài chī píngguǒ.

딸기를 좋아해.
爱吃草莓。
Ài chī cǎoméi.

바나나를 좋아해.
爱吃香蕉。
Ài chī xiāngjiāo.

포도를 좋아해.
爱吃葡萄。
Ài chī pútao.

귤을 좋아해.
爱吃桔子。
Ài chī júzi.

과일 천국 중국

중국은 위도 차가 크기 때문에 지역마다 생산되는 과일이 아주 다양하다.
한국에서 보기 힘든 중국 과일에는 어떤 것들이 있는지 알아보자.

- **두리안**(榴莲 liúlián) : 도깨비방망이처럼 생겼고, 제대로 익으면 껍질이 벌어지며 특유의 냄새가 난다.
- **리치**(荔枝 lìzhī) : 양귀비가 제일 즐겨 먹던 과일이다.
- **양메이**(杨梅 yángméi) : 붉은색을 띠며 소화를 돕는다.
- **판타오**(蟠桃 pántáo) : 접시처럼 납작하게 생긴 복숭아로 '접시 복숭아'라 불리기도 한다.

판타오 蟠桃 pántáo

두리안 榴莲 liúlián

양메이 杨梅 yángméi

리치 荔枝 lìzhī

Theme 5

이동

DAY 22 | 교통수단

DAY 23 | 장소 1

DAY 24 | 장소 2

DAY 25 | 여행

| 교통수단 | 너는 어떻게 가니?

Day 22

너는 어떻게 가니?

A 你 ❶ 怎么 去?
Nǐ zěnme qù?

나는 버스를 타고 가.

B 我 坐 ❷ 公交 去。
Wǒ zuò gōngjiāo qù.

Tip

怎么 zěnme 어떻게, 어째서, 왜 | 坐 zuò 타다 | 公交 gōngjiāo 버스

❶ 怎么는 방법이나 수단을 물을 때 쓰이며, 의문문을 만든다.
❷ 버스는 公共汽车 gōnggòng qìchē 혹은 公交车 gōngjiāochē라고 하는데, 흔히 公汽 gōngqì 또는 公交 gōngjiāo라고 줄여서 표현한다.

워드 체인지

▶ 단어를 교체하여 다양한 문장을 말해 보세요.

나는 _____ 가.

我 _____ 去。
Wǒ _____ qù.

1. **坐公交**
zuò gōngjiāo
버스를 타다

2. **坐地铁**
zuò dìtiě
지하철을 타다

3. **坐火车**
zuò huǒchē
기차를 타다

4. **坐飞机**
zuò fēijī
비행기를 타다

5. **打的**
dǎdī
택시를 타다

6. **开车**
kāichē
운전을 하다

리듬 러닝

▶ 앞에서 배운 내용을 리듬으로 따라 해 보세요.

너는 어떻게 가니? 　　你怎么去?
　　　　　　　　　　　Nǐ zěnme qù?

나는 버스를 타고 가. 　　我坐公交去。
　　　　　　　　　　　Wǒ zuò gōngjiāo qù.

나는 지하철을 타고 가. 　我坐地铁去。
　　　　　　　　　　　Wǒ zuò dìtiě qù.

나는 기차를 타고 가. 　　我坐火车去。
　　　　　　　　　　　Wǒ zuò huǒchē qù.

나는 비행기를 타고 가. 　我坐飞机去。
　　　　　　　　　　　Wǒ zuò fēijī qù.

나는 택시를 타고 가. 　　我打的去。
　　　　　　　　　　　Wǒ dǎdī qù.

나는 운전을 해서 가. 　　我开车去。
　　　　　　　　　　　Wǒ kāichē qù.

중국인 친구를 많이 사귀고 싶다면?

외국어 학습의 왕도는 뭐니 뭐니 해도 많이 듣고 말해 보는 것이다. 이는 중국어를 잘하기 위해서도 마찬가지일 터. 만난 지 얼마 되지 않은 중국인 친구와도 재미있게 말할 수 있는 이야깃거리는 무엇이 있을까?

외국인이 자기 나라를 칭찬하는데 싫어하는 사람은 드물 것이다. 중국인의 마음을 열고 싶다면, 중국에 대한 '칭찬'을 먼저 건네 보자. 중국의 오래된 역사, 독특한 자연 풍광과 기후, 어마어마하게 다양한 음식, 글로벌 중국 기업의 제품 등 소재는 무궁무진하다. 특히 중국인들은 자국의 넓은 영토와 문화유산, 또 최근 경제 발전에 대해 강한 자긍심을 갖고 있으므로 이와 관련된 질문을 던진다면 썩 기분 좋게 대답해 줄 것이다.

상하이 와이탄 上海外滩 Shànghǎi wàitān

베이징 국제무역빌딩 北京国贸大厦 Běijīng Guómào Dàshà

상하이 上海 Shànghǎi

| 장소 1 | 너희 어디 가니?

Day 23

너희 어디 가니?

A 你❶们去❷哪儿?
　　Nǐmen qù nǎr?

우리는 마트에 가.

B 我们去超市。
　　Wǒmen qù chāoshì.

> **Tip**
> 你们 nǐmen 너희, 당신들 | 去 qù 가다 | 哪儿 nǎr 어디, 어느 곳 | 我们 wǒmen 우리 |
> 超市 chāoshì 마트, 슈퍼마켓
>
> ❶ 们 men은 여기에서 사람을 가리키는 명사나 대명사 뒤에 쓰여 복수를 나타낸다.
> ❷ 哪儿은 '어디', '어느 곳'이라는 뜻으로 장소를 물을 때 자주 쓰인다.

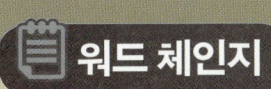 워드 체인지

▶ 단어를 교체하여 다양한 문장을 말해 보세요.

우리는 _____에 가.

我们去 _____。
Wǒmen qù _____.

1. 超市 chāoshì 마트
2. 商店 shāngdiàn 상점
3. 医院 yīyuàn 병원
4. 邮局 yóujú 우체국
5. 麦当劳 Màidāngláo 맥도날드
6. 洗手间 xǐshǒujiān 화장실

리듬 러닝

▶ 앞에서 배운 내용을 리듬으로 따라 해 보세요.

너희 어디 가니?　　**你们去哪儿?**
　　　　　　　　　　Nǐmen qù nǎr?

우리는 마트에 가.　　**我们去超市。**
　　　　　　　　　　Wǒmen qù chāoshì.

우리는 상점에 가.　　**我们去商店。**
　　　　　　　　　　Wǒmen qù shāngdiàn.

우리는 병원에 가.　　**我们去医院。**
　　　　　　　　　　Wǒmen qù yīyuàn.

우리는 우체국에 가.　**我们去邮局。**
　　　　　　　　　　Wǒmen qù yóujú.

우리는 맥도날드에 가.　**我们去麦当劳。**
　　　　　　　　　　Wǒmen qù Màidāngláo.

우리는 화장실에 가.　**我们去洗手间。**
　　　　　　　　　　Wǒmen qù xǐshǒujiān.

중국의 이색 건축물

'시드니' 하면 오페라 하우스가 생각나고, '바르셀로나' 하면 가우디의 대성당이 생각나듯이, 나라마다 유명하고 특색 있는 건축물이 하나씩 있게 마련이다. 중국에는 어떤 이색 건축물이 있을까?

수도인 베이징에는 CCTV(중국 국영 방송국) 사옥이 있다. 이 건축물은 베이징 비즈니스 중심 지역에 위치하고 있으며, 최초의 유럽식 고층 건물로서 세계 고층 건물 최우수상을 받기도 했다. 또 베이징과 가까운 허베이성[河北省 Héběi Shěng]에는 천자대주점[天子大酒店 Tiānzǐ Dàjiǔdiàn]이라는 호텔이 있다. 이 건물은 '행복, 벼슬, 장수'를 상징하는 신을 형상화한 건물로, 세계에서 제일 큰 캐릭터 건물이며, 기네스북에 오르기도 했다. 중국을 방문하게 된다면 이러한 이색 건축물을 한번쯤 찾아보는 건 어떨까?

시드니 오페라하우스
悉尼歌剧院 Xīní Gējùyuàn

CCTV 사옥 CCTV大厦 CCTV Dàshà

천자대주점 天子大酒店
Tiānzǐ Dàjiǔdiàn

| 장소 2 | 이 근처에 은행이 있나요?

Day 24

이 근처에 은행이 있나요?

A 这附近❶有银行吗?
Zhè fùjìn yǒu yínháng ma?

은행은 학교 오른쪽에 있어요.

B 银行❷在学校右边。
Yínháng zài xuéxiào yòubian.

Tip

附近 fùjìn 근처, 부근 | 有 yǒu 있다 | 银行 yínháng 은행 | 在 zài ~에 있다 | 学校 xuéxiào 학교 | 右边 yòubian 오른쪽

❶ 有는 '있다'라는 뜻으로 부정을 나타낼 때는 不有가 아니라 没有 méiyǒu '없다'를 쓴다.
❷ 在는 '~에 있다'라는 뜻으로 뒤에 장소가 온다.

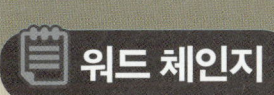 워드 체인지

▶ 단어를 교체하여 다양한 문장을 말해 보세요.

은행은 학교 _____에 있어요.

银行在学校 _____ 。

Yínháng zài xuéxiào _____.

1. 右边 yòubian 오른쪽
2. 左边 zuǒbian 왼쪽
3. 前边 qiánbian 앞쪽
4. 后边 hòubian 뒤쪽
5. 旁边 pángbiān 옆
6. 对面 duìmiàn 맞은편

리듬 러닝

▶ 앞에서 배운 내용을 리듬으로 따라 해 보세요.

이 근처에 은행이 있나요?

这附近有银行吗?
Zhè fùjìn yǒu yínháng ma?

은행은 학교 오른쪽에 있어요.
银行在学校右边。
Yínháng zài xuéxiào yòubian.

은행은 학교 왼쪽에 있어요.
银行在学校左边。
Yínháng zài xuéxiào zuǒbian.

은행은 학교 앞쪽에 있어요.
银行在学校前边。
Yínháng zài xuéxiào qiánbian.

은행은 학교 뒤쪽에 있어요.
银行在学校后边。
Yínháng zài xuéxiào hòubian.

은행은 학교 옆에 있어요.
银行在学校旁边。
Yínháng zài xuéxiào pángbiān.

은행은 학교 맞은편에 있어요.
银行在学校对面。
Yínháng zài xuéxiào duìmiàn.

북방인과 남방인

사람들의 생활은 지형과 기후 등 환경 조건에 따라 달라지며, 이는 그 지역 사람들의 성격과 기질에도 영향을 끼친다. 국토가 광활한 중국 역시 황하와 장강을 기준으로 북방인, 남방인을 구분하며, 북방인과 남방인은 여러 면에서 차이가 있다고 한다.

중국의 북방 지역은 대체로 날씨가 춥고 바람이 많이 불며, 예로부터 말을 타고 평원을 누비며 생활했다. 반면 남방 지역은 온난한 기후에 물이 풍부해서 농사가 잘되었고, 강이나 호수가 많아 배를 타고 다녔다. 이러한 차이로 인해 북방인은 상대적으로 대범하고 외향적이며, 남방인은 신중하고 섬세한 성격을 가지게 되었다고 한다.

중국 북방 中国北方 Zhōngguó běifāng

중국 남방 中国南方 Zhōngguó nánfāng

| 여행 | 너는 서울에 간 적 있니?

Day 25

너는 서울에 간 적 있니?

A 你去❶过首尔吗?
Nǐ qùguo Shǒu'ěr ma?

간 적 없어.

B ❷没去过。
Méi qùguo.

Tip

过 guo ~한 적이 있다 | 首尔 Shǒu'ěr 서울 | 没 méi 없다, ~않다

❶ 여기에서 过는 '~한 적이 있다'라는 뜻으로 과거의 경험을 나타낸다.
❷ 没는 '없다', '~않다'라는 뜻으로 어떠한 동작이나 행위를 부정한다.

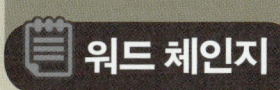 워드 체인지

▶ 단어를 교체하여 다양한 문장을 말해 보세요.

너는 _____에 간 적 있니?

你去过 _____ 吗?
Nǐ qùguo _____ ma?

1. 首尔 Shǒu'ěr 서울
2. 北京 Běijīng 베이징
3. 釜山 Fǔshān 부산
4. 上海 Shànghǎi 상하이
5. 济州岛 Jìzhōudǎo 제주도
6. 香港 Xiānggǎng 홍콩

리듬 러닝

▶ 앞에서 배운 내용을 리듬으로 따라 해 보세요.

| 너는 서울에 간 적 있니? | 你去过首尔吗?
Nǐ qùguo Shǒu'ěr ma? |

너는 베이징에 간 적 있니?　你去过北京吗?
　　　　　　　　　　　　Nǐ qùguo Běijīng ma?

너는 부산에 간 적 있니?　你去过釜山吗?
　　　　　　　　　　　　Nǐ qùguo Fǔshān ma?

너는 상하이에 간 적 있니?　你去过上海吗?
　　　　　　　　　　　　　Nǐ qùguo Shànghǎi ma?

너는 제주도에 간 적 있니?　你去过济州岛吗?
　　　　　　　　　　　　　Nǐ qùguo Jìzhōudǎo ma?

너는 홍콩에 간 적 있니?　你去过香港吗?
　　　　　　　　　　　　Nǐ qùguo Xiānggǎng ma?

간 적 없어.　没去过。
　　　　　　Méi qùguo.

만만하지 않다, 중국인의 만만디

'행동이 굼뜨거나 일의 진척이 느리다'라는 의미로 국어사전에까지 등재된 만만디. '천천히'를 뜻하는 중국어 만만디(慢慢的)는 좋게 말하면 여유로움, 나쁘게 말하면 게으름을 나타내기도 한다. 그러나 중국인의 만만디를 단순히 느긋한 정서로 이해한다면 오산이다. 만만하지 않은 중국인의 만만디, 좀 더 깊이 살펴보자.

전국 어디든 하루 만에 갈 수 있는 우리나라와는 달리, 드넓은 땅덩이를 가진 중국은 시간에 대한 관념이 우리나라 사람들과 다를 수밖에 없다. 그래서 '만만디'라는 말이 등장하게 되었는지도 모르지만 알고 보면 중국인들 역시 급할 땐 급하고, 빨리빨리를 외친다. 중국을 좀 안다는 사람들은 만만디를 마냥 '천천히'로 받아들이지만은 않는다. 중국인의 만만디란 오히려 신중함, 철저함에 가깝다. 기초부터 한 단계씩 단단하게 다지고, 중요한 일일수록 숙고하는 중국인의 만만디. 결코 만만하지 않다!

현대 중국인 现代中国人
xiàndài Zhōngguórén

오늘의 중국 今日中国 jīnrì Zhōngguó

Theme 6

쇼핑

DAY 26	가격
DAY 27	색상
DAY 28	구매
DAY 29	의견

| 가격 | 모두 얼마예요?

Day 26

모두 얼마예요?

A 一共多少钱?
　　Yígòng　duōshao qián?

모두 10위안입니다.

B 一共十❶块。
　　Yígòng　shí　kuài.

> **Tip**
> 一共 yígòng 모두, 전부 | 多少 duōshao 얼마 | 钱 qián 돈, 화폐 | 十 shí 열, 10 | 块 kuài 위안(중국의 화폐 단위)
>
> ❶ 块는 10을 초과하는 금액을 말할 때 일반적으로 생략 가능하다. 문어체에서는 주로 위안 元 yuán을 쓴다.

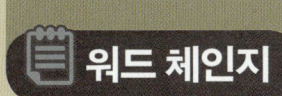 **워드 체인지**

▶ 단어를 교체하여 다양한 문장을 말해 보세요.

모두 _____입니다.

一共 ⬚ 。
Yígòng _____.

1. 十块
shí kuài
10위안

2. 一百(块)
yìbǎi (kuài)
100위안

3. 一千(块)
yìqiān (kuài)
1,000위안

4. 两千(块)
liǎngqiān (kuài)
2,000위안

5. 一万(块)
yíwàn (kuài)
10,000위안

6. 二十万(块)
èrshíwàn (kuài)
200,000위안

리듬 러닝

▶ 앞에서 배운 내용을 리듬으로 따라 해 보세요.

모두 얼마예요?　　　　一共多少钱?
　　　　　　　　　　　Yígòng duōshao qián?

모두 10위안입니다.　　　一共十块。
　　　　　　　　　　　Yígòng shí kuài.

모두 100위안입니다.　　一共一百(块)。
　　　　　　　　　　　Yígòng yìbǎi (kuài).

모두 1,000위안입니다.　　一共一千(块)。
　　　　　　　　　　　Yígòng yìqiān (kuài).

모두 2,000위안입니다.　　一共两千(块)。
　　　　　　　　　　　Yígòng liǎngqiān (kuài).

모두 10,000위안입니다.　　一共一万(块)。
　　　　　　　　　　　Yígòng yíwàn (kuài).

모두 200,000위안입니다.　一共二十万(块)。
　　　　　　　　　　　Yígòng èrshíwàn (kuài).

차이나

중국 지폐 속 풍경

중국 화폐는 '런민비'라고 한다. 모든 지폐의 앞면에는 중화인민공화국의 초대 주석인 모택동[毛泽东 Máo Zédōng]의 모습이 실려 있고, 뒷면에는 지폐의 종류마다 중국의 명소 풍경들을 두루 담고 있다. 어떤 풍경들이 있는지 알아보자.

- **1元** – 서호[西湖 Xīhú]
  1,400여 년 전에 만들어진 절강 성 항주의 인공 호수
- **5元** – 태산[泰山 Tàishān]
  중국 5대 명산 중 하나로서 산동 성 태안 시에 위치함
- **10元** – 장강 삼협[长江三峡 Chángjiāng sānxiá]
  충칭시와 허북 경내의 장강 주류에 위치함
- **20元** – 계림[桂林 Guìlín]
  아름다운 절경과 독특한 기암괴석들로 유명하며 광서 자치구에 위치함
- **50元** – 포탈라궁[布达拉宫 Bùdálāgōng)
  고도가 높은 곳에 위치한 티베트 전통 건축물
- **100元** – 인민대회당[人民大会堂 Rénmín dàhuìtáng]
  전국 인민 대표 대회 회의장으로서 우리나라의 국회의사당에 해당함

10위안 十元 shí yuán

20위안 二十元 èrshí yuán

50위안 五十元 wǔshí yuán

100위안 一百元 yìbǎi yuán

| 색상 | 너는 무슨 색을 좋아하니?

Day 27

너는 무슨 색을 좋아하니?

A 你❶喜欢什么颜色?
Nǐ xǐhuan shénme yánsè?

나는 빨간색을 좋아해.

B 我喜欢❷红色。
Wǒ xǐhuan hóngsè.

Tip

喜欢 xǐhuan 좋아하다 | 颜色 yánsè 색, 색상 | 红色 hóngsè 빨간색

❶ 喜欢은 '좋아하다'라는 뜻이며, '싫어하다'는 부정을 나타내는 不를 붙여서 不喜欢 bù xǐhuan이라고 한다.

❷ '주황색'은 橙色 chéngsè, '보라색'은 紫色 zǐsè라고 한다.

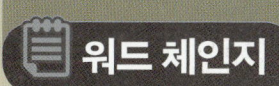 워드 체인지

▶ 단어를 교체하여 다양한 문장을 말해 보세요.

나는 _____ 을 좋아해.

我喜欢 ( )。
Wǒ xǐhuan _____.

1. 红色 / hóngsè / 빨간색
2. 绿色 / lǜsè / 초록색
3. 黄色 / huángsè / 노란색
4. 黑色 / hēisè / 검은색
5. 蓝色 / lánsè / 파란색
6. 白色 / báisè / 하얀색

리듬 러닝

▶ 앞에서 배운 내용을 리듬으로 따라 해 보세요.

너는 무슨 색을 좋아하니?　你喜欢什么颜色?
　　　　　　　　　　　　Nǐ　xǐhuan shénme yánsè?

나는 빨간색을 좋아해.　　**我喜欢红色。**
　　　　　　　　　　　　Wǒ xǐhuan hóngsè.

나는 초록색을 좋아해.　　**我喜欢绿色。**
　　　　　　　　　　　　Wǒ xǐhuan lǜsè.

나는 노란색을 좋아해.　　**我喜欢黄色。**
　　　　　　　　　　　　Wǒ xǐhuan huángsè.

나는 검은색을 좋아해.　　**我喜欢黑色。**
　　　　　　　　　　　　Wǒ xǐhuan hēisè.

나는 파란색을 좋아해.　　**我喜欢蓝色。**
　　　　　　　　　　　　Wǒ xǐhuan lánsè.

나는 하얀색을 좋아해.　　**我喜欢白色。**
　　　　　　　　　　　　Wǒ xǐhuan báisè.

색깔로 보는 중국

색깔마다 의미하는 바가 다르기 때문에 중국인들은 어떤 색은 좋아하고, 또 어떤 색은 싫어한다. 중국인들이 좋아하는 색깔과 싫어하는 색깔, 그 이유를 알아보자.

- **빨간색 [红色 hóngsè]**
  빨간색은 '길조'를 나타내는 색이기 때문에 축의금, 세뱃돈 등을 홍빠오[红包 hóngbāo 빨간색 봉투] 안에 담아서 준다.

- **하얀색 [白色 báisè]**
  하얀색은 '죽음'을 상징하기 때문에 중국인들이 매우 기피하는 색깔이다. 따라서 축의금, 세뱃돈과 같이 좋은 일에 건네는 돈은 절대 흰색 봉투에 담지 않으며, 부의금을 전달할 경우에만 흰색 봉투를 사용한다.

홍빠오 红包 hóngbāo

부의 赙仪 fùyí

| 구매 | 너는 무엇을 더 사려고 하니?

Day 28

너는 무엇을 더 사려고 하니?

A 你还要❶买什么?
　　Nǐ hái yào mǎi shénme?

나는 신발도 사려고 해.

B 我还要买❷鞋。
　　Wǒ hái yào mǎi xié.

Tip

还 hái 더, ~도, 또 | 买 mǎi 사다 | 鞋 xié 신발

❶ 买의 반대말은 卖 mài '팔다'이다. 买와 卖를 붙여 쓰면 买卖 mǎimai '사고팔다', 즉 '사업', '장사'라는 뜻이 된다.

❷ '신발'은 鞋 외에 鞋子 xiézi라고도 하며 이는 운동화, 구두 등을 포괄하는 말이다.

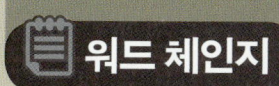 워드 체인지

▶ 단어를 교체하여 다양한 문장을 말해 보세요.

나는 _____ 도 사려고 해.

我还要买 _____ 。
Wǒ hái yào mǎi _____.

1. 鞋 / xié / 신발
2. 帽子 / màozi / 모자
3. 手机 / shǒujī / 휴대전화
4. 手表 / shǒubiǎo / 손목시계
5. 电脑 / diànnǎo / 컴퓨터
6. 电视 / diànshì / 텔레비전

리듬 러닝

▶ 앞에서 배운 내용을 리듬으로 따라 해 보세요.

너는 무엇을 더 사려고 하니?　　**你还要买什么?**
　　　　　　　　　　　　　　　Nǐ　hái yào mǎi shénme?

나는 신발도 사려고 해.　　**我还要买鞋。**
　　　　　　　　　　　　Wǒ hái yào mǎi xié.

나는 모자도 사려고 해.　　**我还要买帽子。**
　　　　　　　　　　　　Wǒ hái yào mǎi màozi.

나는 휴대전화도 사려고 해.　　**我还要买手机。**
　　　　　　　　　　　　　　Wǒ hái yào mǎi shǒujī.

나는 손목시계도 사려고 해.　　**我还要买手表。**
　　　　　　　　　　　　　　Wǒ hái yào mǎi shǒubiǎo.

나는 컴퓨터도 사려고 해.　　**我还要买电脑。**
　　　　　　　　　　　　Wǒ hái yào mǎi diànnǎo.

나는 텔레비전도 사려고 해.　　**我还要买电视。**
　　　　　　　　　　　　　　Wǒ hái yào mǎi diànshì.

소비문화의 변화로 나타난 신조어

오늘날 온라인 쇼핑몰 사업의 확장과 더불어 중국의 소비문화도 새로운 변화를 보이는데, 중국 소비문화의 변화와 함께 나타난 신조어들을 알아보자.

밤 11시 이후에 온라인 쇼핑을 하는 사람을 예타오주[夜淘族 yètáozú]라고 하며, 이미 2,200만 명을 넘어섰다고 한다. 또한 연간 쇼핑 소비액이 5만 위안(대략 한화 9백만 원)을 넘고, 월 쇼핑 횟수가 열 번을 넘는 쇼핑 중독자를 가리켜 뚜어쇼우주[剁手族 duòshǒuzú]라고 하며, 이는 쇼핑을 멈추려면 손목을 잘라야 한다는 의미의 표현이다. 그리고 온라인으로 해외 상품을 직접 구매하는 사람을 하이타오주[海淘族 hǎitáozú]라고 하며, 주로 개혁개방 이후 출생한 2, 30대의 연령층이 이에 속한다.

예타오주 夜淘族 yètáozú

뚜어쇼우주 剁手族 duòshǒuzú

하이타오주 海淘族 hǎitáozú

| 의견 | 이 옷 어때?

Day 29

이 옷 어때?

A 你觉得这❶件怎么样?
Nǐ juéde zhè jiàn zěnmeyàng?

정말 비싸.

B ❷真贵。
Zhēn guì.

Tip

觉得 juéde ~이라고 느끼다, ~이라고 생각하다 | 件 jiàn 벌, 개(옷, 일 등을 세는 단위) | 真 zhēn 정말 | 贵 guì 비싸다

❶ 여기에서 件은 옷을 세는 단위로 쓰였고, 件 뒤에는 衣服 yīfu '옷'이 생략되었다.
❷ 真 zhēn은 주로 형용사 앞에 쓰여서 정도가 심함을 나타낸다.

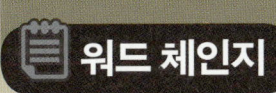 워드 체인지

▶ 단어를 교체하여 다양한 문장을 말해 보세요.

정말 _____.

真 _____。
Zhēn _____.

[1] 贵
guì
비싸다

[2] 便宜
piányi
싸다

[3] 土
tǔ
촌스럽다

[4] 时髦
shímáo
세련되다

[5] 难看
nánkàn
보기 싫다

[6] 好看
hǎokàn
보기 좋다

리듬 러닝

▶ 앞에서 배운 내용을 리듬으로 따라 해 보세요.

이 옷 어때? 你觉得这件怎么样?
　　　　　　Nǐ juéde zhè jiàn zěnmeyàng?

정말 비싸.　　　真贵。
　　　　　　　Zhēn guì.

정말 싸.　　　　真便宜。
　　　　　　　Zhēn piányi.

정말 촌스러워.　真土。
　　　　　　　Zhēn tǔ.

정말 세련됐어.　真时髦。
　　　　　　　Zhēn shímáo.

정말 보기 싫어.　真难看。
　　　　　　　Zhēn nánkàn.

정말 보기 좋아.　真好看。
　　　　　　　Zhēn hǎokàn.

중국의 소수 민족

중국은 다민족 국가로서 한족과 여러 소수 민족을 통틀어 중화 민족이라 칭한다. 인구 대부분은 한족이며 55개의 소수 민족이 섞여 있다. 전체 인구 중 소수 민족의 비중은 비록 적지만, 각 민족은 대부분 고유의 언어와 문화를 보존하며 전통을 지키고 있다.

중국의 영토를 개척하고 다채로운 문화를 꽃피우는 데 소수 민족의 역할은 상당했다. 하지만 한족과 각 소수 민족이 평등하게 발전하지 못하고 소수 민족이 차별받는 현상이 일어났으며, 역사 배경과 종교로 인해 종종 분쟁이 일어나기도 한다. 이는 오늘날 중국 사회가 해결해야 할 큰 문제 중 하나로, 중국은 소수 민족에 대한 차별과 억압을 법적으로 금지하며 소수 민족을 보호하기 위한 여러 가지 정책을 펴서 그들을 '중국' 안으로 점차 수용하는 방법을 택하고 있다.

소수 민족 少数民族 shǎoshù mínzú

Theme 7

관심

DAY 30 | 컨디션

DAY 31 | 근황

DAY 32 | 행동

DAY 33 | 직업

DAY 34 | 취미

| 컨디션 | 할아버지 어떻게 되신 거니?

Day 30

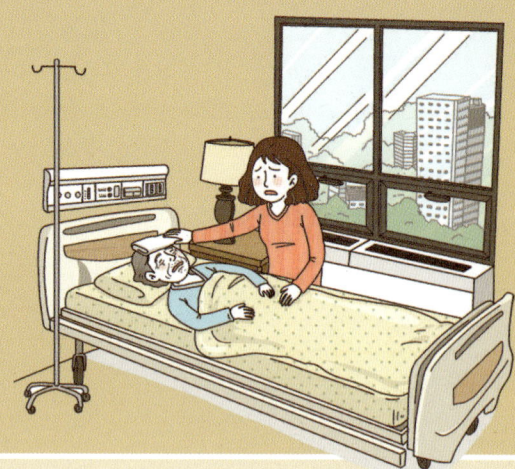

할아버지 어떻게 되신 거니?

A ①爷爷怎么了?
Yéye zěnme le?

또 감기 걸리셨어.

B 又②感冒了。
Yòu gǎnmào le.

Tip

爷爷 yéye 할아버지 | 又 yòu 또, 다시 | 感冒 gǎnmào 감기에 걸리다, 감기

① '할머니'는 奶奶 nǎinai라고 한다.
② '감기'는 感冒이고, '독감(유행성 감기)'은 流感 liúgǎn이라고 한다.

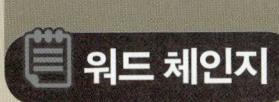 워드 체인지

▶ 단어를 교체하여 다양한 문장을 말해 보세요.

또 _____ 셨어.

又 [　　　　] 了。

Yòu _____ le.

1. 感冒 gǎnmào 감기에 걸리다
2. 生病 shēngbìng 병이 나다
3. 受伤 shòushāng 다치다
4. 生气 shēngqì 화가 나다
5. 发烧 fāshāo 열이 나다
6. 摔倒 shuāidǎo 넘어지다

리듬 러닝

▶ 앞에서 배운 내용을 리듬으로 따라 해 보세요.

할아버지 어떻게 되신 거니?　　爷爷怎么了?
　　　　　　　　　　　　　　　Yéye zěnme le?

또 감기에 걸리셨어.　　又感冒了。
　　　　　　　　　　Yòu gǎnmào le.

또 병이 나셨어.　　又生病了。
　　　　　　　　Yòu shēngbìng le.

또 다치셨어.　　又受伤了。
　　　　　　　Yòu shòushāng le.

또 화가 나셨어.　　又生气了。
　　　　　　　　Yòu shēngqì le.

또 열이 나셨어.　　又发烧了。
　　　　　　　　Yòu fāshāo le.

또 넘어지셨어.　　又摔倒了。
　　　　　　　Yòu shuāidǎo le.

중국에만 있는 특별한 병원

'중국의 의학'이라 하면 진맥이나 침 치료 등을 하는 중의학[中医学 zhōngyīxué]을 떠올리는 사람들이 많을 것이다. 하지만 중국에서는 중의학뿐만 아니라 중의학과 서양 의학을 결합한 진료가 활발하여 이를 활용한 병원이 많다고 한다. 중국에만 있는 특별한 병원에 대해 알아보자.

중국의 병원은 중의학 병원과 서양 의학 병원으로 나뉘기도 하지만, 중서의 결합병원[中西医结合医院 zhōngxīyī jiéhé yīyuàn]이라는 특별한 형태의 병원도 있다. 이 병원은 중국 의학 방식과 서양 의학 방식을 적절히 결부하여 의료 서비스를 제공한다. 중의학이나 서양 의학으로만 진단 또는 치료가 어려운 병증의 경우, 각자의 우세한 치료법을 결합하여 환자에게 처방하는 것이다.

중서의 결합병원 中西医结合医院
zhōngxīyī jiéhé yīyuàn

중의학 中医学 zhōngyīxué

| 근황 | 요즘 어때?

Day 31

요즘 어때?

A 你最近怎么样?
Nǐ zuìjìn zěnmeyàng?

바빠, 너는?

B ❶很忙, 你❷呢?
Hěn máng, nǐ ne?

Tip

最近 zuìjìn 요즘, 최근 | 很 hěn 아주, 매우 | 忙 máng 바쁘다 | 呢 ne ~는(요)?

❶ 很은 '아주', '매우'라는 뜻이지만, 회화체에서 별 의미 없이 습관적으로 사용되는 경우도 있다.
❷ 呢는 '~는(요)'라는 의미로 상대방의 질문과 동일한 내용을 되물을 때 사용한다.

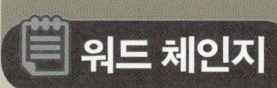

▶ 단어를 교체하여 다양한 문장을 말해 보세요.

_____, 너는?

_____, 你呢?
nǐ ne?

1. 很忙
hěn máng
바쁘다

2. 不太忙
bú tài máng
별로 바쁘지 않다

3. 还可以
hái kěyǐ
그런대로 괜찮다

4. 挺好的
tǐng hǎo de
아주 좋다

5. 比较闲
bǐjiào xián
비교적 한가하다

6. 老样子
lǎo yàngzi
여전하다

리듬 러닝

▶ 앞에서 배운 내용을 리듬으로 따라 해 보세요.

요즘 어때?　　　**你最近怎么样?**
　　　　　　　　　Nǐ　zuìjìn　zěnmeyàng?

바빠, 너는?　　　**很忙, 你呢?**
　　　　　　　　　Hěn máng,　nǐ ne?

별로 바쁘지 않아, 너는?　　**不太忙, 你呢?**
　　　　　　　　　　　　　Bú tài máng,　nǐ ne?

그런대로 괜찮아, 너는?　　**还可以, 你呢?**
　　　　　　　　　　　　　Hái kěyǐ,　nǐ ne?

아주 좋아, 너는?　　**挺好的, 你呢?**
　　　　　　　　　　Tǐng hǎo de,　nǐ ne?

비교적 한가해, 너는?　　**比较闲, 你呢?**
　　　　　　　　　　　　Bǐjiào xián,　nǐ ne?

여전해, 너는?　　**老样子, 你呢?**
　　　　　　　　　Lǎo yàngzi,　nǐ ne?

你好!와 你好吗?

근황이 궁금할 때 중국어로 '你最近怎么样?'이라고 물어볼 수도 있지만, 더 간단한 표현 '你好吗 Nǐ hǎo ma?'도 많이 사용한다.

일반적으로 앞에서 배운 '你好!'를 '你好吗?'와 같은 인사말로 혼동하는 경우가 있는데, '你好吗?'는 서로 알고 지내는 사람끼리 가볍게 안부를 묻는 '잘 지내니?'의 인사 표현으로, 굳이 '你最近怎么样?'으로 물었을 때처럼 구체적으로 대답하지 않아도 된다. 반면 '你好!'는 처음 만난 사람이나 잘 모르는 사람에게 써도 어색하지 않은 표현이다.

잘 지내니? 你好吗? Nǐ hǎo ma?

안녕하세요! 你好! Nǐ hǎo!

요즘 어때? 你最近怎么样? Nǐ zuìjìn zěnmeyàng?

| 행동 | 그는 무엇을 하고 있니?

Day 32

그는 무엇을 하고 있니?

A 他①在②做什么?
Tā zài zuò shénme?

그는 쉬고 있어.

B 他在休息。
Tā zài xiūxi.

Tip

在 zài ~하고 있다 | 做 zuò 하다 | 休息 xiūxi 쉬다, 휴식하다

❶ 在는 '~하고 있다'라는 뜻으로 현재 동작이 지속되고 있음을 나타낸다.
❷ 做什么와 비슷한 표현으로 干什么 gàn shénme가 있다.

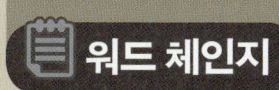 워드 체인지

▶ 단어를 교체하여 다양한 문장을 말해 보세요.

그는 _____ 고 있어.

他在 _____。
Tā zài _____.

① 休息
xiūxi
쉬다

② 吃饭
chīfàn
밥 먹다

③ 工作
gōngzuò
일하다

④ 学习
xuéxí
공부하다

⑤ 打电话
dǎ diànhuà
전화하다

⑥ 玩游戏
wán yóuxì
게임하다

리듬 러닝

▶ 앞에서 배운 내용을 리듬으로 따라 해 보세요.

그는 무엇을 하고 있니?
他在做什么?
Tā zài zuò shénme?

그는 쉬고 있어.
他在休息。
Tā zài xiūxi.

그는 밥 먹고 있어.
他在吃饭。
Tā zài chīfàn.

그는 일하고 있어.
他在工作。
Tā zài gōngzuò.

그는 공부하고 있어.
他在学习。
Tā zài xuéxí.

그는 전화하고 있어.
他在打电话。
Tā zài dǎ diànhuà.

그는 게임하고 있어.
他在玩游戏。
Tā zài wán yóuxì.

중국 공원에서는 무슨 일이!?

우리나라에서는 공원에서 각자 가벼운 운동을 하는 사람들이 많은데, 중국의 공원에서는 좀 더 다양한 모습들을 볼 수 있다. 중국의 공원 풍경은 어떤지 살펴보자.

중국에서 아침저녁으로 공원을 산책하다 보면 느린 동작으로 원을 그리며 태극권을 하는 중국인들을 쉽게 만날 수 있다. 가끔 사람 키만 한 물붓으로 붓글씨[毛笔字 máobǐzì]를 쓰는 모습이나 현악기 얼후[二胡 èrhú]를 연주하는 사람들도 볼 수 있다. 또 중국인들은 강아지, 고양이, 거북이, 새 등 애완동물 키우기를 좋아하기 때문에 아침이면 어르신들이 저마다 새장을 나뭇가지에 걸어 놓고 운동하거나 이야기하는 모습도 흔히 볼 수 있다.

새장 鸟笼 niǎolóng

붓글씨 毛笔字 máobǐzì

태극권 太极拳 tàijíquán

얼후 二胡 èrhú

| 직업 | 실례지만 당신은 무슨 일을 하시나요?

Day 33

실례지만 당신은 무슨 일을 하시나요?

A   ❶请问您做什么工作?
      Qǐngwèn nín zuò shénme gōngzuò?

저는 의사예요.

B   我是❷医生。
      Wǒ shì yīshēng.

Tip

请问 qǐngwèn 실례합니다 | 工作 gōngzuò 직업, 일자리 | 医生 yīshēng 의사

❶ 请问은 상대방에게 어떤 일을 정중하게 물어볼 때 쓰는 표현이다.
❷ 医生과 비슷한 표현으로 大夫 dàifu가 있다. 大는 원래 dà라고 발음하지만, 大夫의 경우 dài로 발음한다.

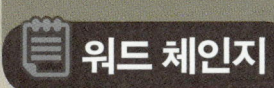 워드 체인지

▶ 단어를 교체하여 다양한 문장을 말해 보세요.

저는 _____ 예(이에)요.

我是 _____。
Wǒ shì _____.

1. 医生 yīshēng 의사
2. 护士 hùshi 간호사
3. 设计师 shèjìshī 디자이너
4. 公务员 gōngwùyuán 공무원
5. 公司职员 gōngsī zhíyuán 회사원
6. 家庭主妇 jiātíng zhǔfù 가정주부

리듬 러닝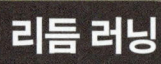

▶ 앞에서 배운 내용을 리듬으로 따라 해 보세요.

실례지만 당신은 무슨 일을 하시나요?

请问您做什么工作?
Qǐngwèn nín zuò shénme gōngzuò?

저는 의사예요.

我是医生。
Wǒ shì yīshēng.

저는 간호사예요.

我是护士。
Wǒ shì hùshi.

저는 디자이너예요.

我是设计师。
Wǒ shì shèjìshī.

저는 공무원이에요.

我是公务员。
Wǒ shì gōngwùyuán.

저는 회사원이에요.

我是公司职员。
Wǒ shì gōngsī zhíyuán.

저는 가정주부예요.

我是家庭主妇。
Wǒ shì jiātíng zhǔfù.

중국의 이색적인 직업

넓은 영토, 많은 인구를 가진 중국에는 엄청나게 많은 직업이 존재한다. 예전에 흔히 볼 수 있었던 공중화장실 요금 받는 사람처럼, 들으면 깜짝 놀라게 되는 중국의 별난 직업에 대해 알아보자.

중국은 인구가 많은 만큼 이색 직업을 가진 사람을 종종 만나 볼 수 있다. 누군가에게 대신 사과해 주는 사과 대리인[道歉代理人 dàoqiàn dàilǐrén], 두 사람이 말을 잘할 수 있도록 보조 역할을 해 주는 수다 대리인[聊天代理人 liáotiān dàilǐrén], 길거리에서 귀 파 주는 일을 전문으로 하는 길거리 귀 청소부[采耳师 cǎi'ěrshī] 등 특이한 직업이 있는데, 그 중에서도 길거리 귀 청소부는 고소득 이색 업종 중의 하나이다.

사과하다 道歉 dàoqiàn

수다 떨다 聊天 liáotiān

귀 청소하다 采耳 cǎi'ěr

| 취미 | 너의 취미는 무엇이니?

Day 34

너의 취미는 무엇이니?

A 你的❶爱好是什么?
Nǐ de àihào shì shénme?

나의 취미는 책 보는 거야.

B 我的爱好是❷看书。
Wǒ de àihào shì kàn shū.

Tip

爱好 àihào 취미 | 看 kàn 보다 | 书 shū 책

❶ 爱好에서 好는 hào로 발음한다. 특별한 취미가 없을 경우에는 没有로 대답하면 된다.
❷ 看书와 비슷한 표현으로 读书 dúshū가 있다.

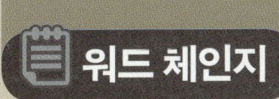 **워드 체인지**

▶ 단어를 교체하여 다양한 문장을 말해 보세요.

나의 취미는 _____.

我的爱好是 _____ 。
Wǒ de àihào shì _____.

[1] 看书
kàn shū
책 보다

[2] 画画
huà huà
그림 그리다

[3] 看电影
kàn diànyǐng
영화 보다

[4] 听音乐
tīng yīnyuè
음악 듣다

[5] 踢足球
tī zúqiú
축구하다

[6] 打篮球
dǎ lánqiú
농구하다

리듬 러닝

▶ 앞에서 배운 내용을 리듬으로 따라 해 보세요.

너의 취미는 무엇이니?   你的爱好是什么?
　　　　　　　　　　　Nǐ de àihào shì shénme?

나의 취미는 책 보는 거야.　　我的爱好是看书。
　　　　　　　　　　　　　Wǒ de àihào shì kàn shū.

나의 취미는 그림 그리는 거야.　我的爱好是画画。
　　　　　　　　　　　　　Wǒ de àihào shì huà huà.

나의 취미는 영화 보는 거야.　　我的爱好是看电影。
　　　　　　　　　　　　　Wǒ de àihào shì kàn diànyǐng.

나의 취미는 음악 듣는 거야.　　我的爱好是听音乐。
　　　　　　　　　　　　　Wǒ de àihào shì tīng yīnyuè.

나의 취미는 축구하는 거야.　　我的爱好是踢足球。
　　　　　　　　　　　　　Wǒ de àihào shì tī zúqiú.

나의 취미는 농구하는 거야.　　我的爱好是打篮球。
　　　　　　　　　　　　　Wǒ de àihào shì dǎ lánqiú.

중국의 이색적인 여가 활동

사람 사는 모습은 다 비슷하다지만, 우리나라에서 흔히 접할 수 있는 여가 활동과 중국에서 접할 수 있는 여가 활동도 비슷할까? 중국만의 특별한 여가 활동에는 어떤 것들이 있을까?

중국의 공원이나 광장에서는 사람들이 사교춤[交谊舞 jiāoyìwǔ]을 추는 모습을 쉽게 볼 수 있다. 사교춤은 전문 학원이 있을 뿐만 아니라, 초·중·고 및 대학교에 이르기까지 거의 모두 강좌를 개설할 정도로 전 국민 여가 문화로 자리를 잡았다. 하지만 도시화가 진행되면서 광장이 사라지고, 소음 공해를 금지하는 규정들이 생겨 주춤하는 추세이다. 이 밖에 삼삼오오 모이면 카드놀이[扑克 pūkè], 마작[麻将 májiàng] 등을 즐기며 여가를 보내기도 한다. 한때 정부에서 마작을 금지하기도 했으나, 1998년부터 마작의 부흥을 위해 공식 스포츠 종목으로 인정하여, 현재 크고 작은 대회도 개최되고 있다.

카드놀이 扑克 pūkè

마작 麻将 májiàng

사교춤 交谊舞 jiāoyìwǔ

Theme 8
기타

DAY 35 | 감정

DAY 36 | 축하

DAY 37 | 위로

DAY 38 | 제안

DAY 39 | 부탁

DAY 40 | 덕담

| 감정 | 난 널 사랑해.

Day 35

난 널 사랑해.

A 我 ❶爱 你。
　　Wǒ ài nǐ.

나도 그래.

B ❷我 也 是。
　　Wǒ yě shì.

Tip

爱 ài 사랑하다 | 也 yě ~도 | 是 shì 그렇다

❶ 爱는 '사랑하다'라는 뜻 이외에 '~하기를 좋아하다', '~하기를 즐기다'라는 의미로도 쓰인다.
❷ '我也是'는 '나도 그렇다'라는 뜻으로 상대방의 의견이나 생각에 동의함을 나타낸다.

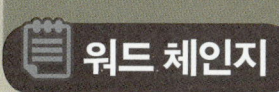 **워드 체인지**

▶ 단어를 교체하여 다양한 문장을 말해 보세요.

난 널 _____.

我 ☐ 你。
Wǒ _____ nǐ.

1. 爱
ài
사랑하다

2. 想
xiǎng
보고 싶다

3. 喜欢
xǐhuan
좋아하다

4. 讨厌
tǎoyàn
미워하다

5. 支持
zhīchí
응원하다

6. 相信
xiāngxìn
믿다

리듬 러닝

▶ 앞에서 배운 내용을 리듬으로 따라 해 보세요.

난 널 사랑해.	我爱你。 Wǒ ài nǐ.
난 널 보고 싶어.	我想你。 Wǒ xiǎng nǐ.
난 널 좋아해.	我喜欢你。 Wǒ xǐhuan nǐ.
난 널 미워해.	我讨厌你。 Wǒ tǎoyàn nǐ.
난 널 응원해.	我支持你。 Wǒ zhīchí nǐ.
난 널 믿어.	我相信你。 Wǒ xiāngxìn nǐ.

나도 그래.   我也是。
Wǒ yě shì.

166

吃 [chī 먹다]로 보는 중국 문화

중국어에는 '吃'가 들어간 재미있는 표현들이 많다. '吃香 chīxiāng 환영받다', '吃惊 chījīng 놀라다', '吃苦 chīkǔ 고생하다' 등 많은 표현이 '吃'와 연관되어 있다. 그럼 어떤 표현이 더 있는지 알아보자.

吃醋 chīcù는 원래 '식초를 먹다'라는 뜻이지만, 흔히 '(남녀 사이에) 질투하다'라는 의미로 쓰인다. 당나라 시기 태종은 총애하던 신하에게 아리따운 첩을 하사하려 했는데 그 부인의 질투가 심했다. 신하는 첩을 못 들이게 한다면 사약을 받게 될 것이라고 부인을 협박했지만, 그 부인은 끝까지 굴복하지 않고 결국 사약을 마시게 되었는데 죽지 않았다. 사실 그것은 사약이 아니라 식초였기 때문이다. 이후 '吃醋'가 '질투하다'의 의미가 되어 지금까지 쓰이고 있다.

환영받다 吃香 chīxiāng

고생하다 吃苦 chīkǔ

놀라다 吃惊 chījīng

질투하다 吃醋 chīcù

| 축하 | 나 결혼했어.

Day 36

나 결혼했어.

A 我结婚了。
Wǒ jiéhūn le.

진짜? 축하해!

B ❶真的? ❷祝贺 你!
Zhēnde? Zhùhè nǐ!

Tip

结婚 jiéhūn 결혼하다 | 真的 zhēnde 진짜, 정말 | 祝贺 zhùhè 축하하다

❶ 真的는 여기에서 '真的吗?'의 뜻이며, 흔히 吗를 생략하고 다소 강하게 발음한다.
❷ 祝贺와 비슷한 표현으로 恭喜 gōngxǐ가 있다.

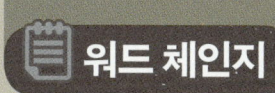 워드 체인지

▶ 단어를 교체하여 다양한 문장을 말해 보세요.

나 _____ 했어.

我 ⬚ 了。
Wǒ _____ le.

1 结婚
jiéhūn
결혼하다

2 毕业
bìyè
졸업하다

3 中奖
zhòngjiǎng
당첨되다

4 升职
shēngzhí
승진하다

5 考上
kǎoshàng
합격하다

6 开业
kāiyè
개업하다

리듬 러닝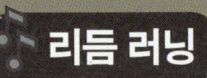

▶ 앞에서 배운 내용을 리듬으로 따라 해 보세요.

나 결혼했어.	我结婚了。 Wǒ jiéhūn le.
나 졸업했어.	我毕业了。 Wǒ bìyè le.
나 당첨됐어.	我中奖了。 Wǒ zhòngjiǎng le.
나 승진했어.	我升职了。 Wǒ shēngzhí le.
나 합격했어.	我考上了。 Wǒ kǎoshàng le.
나 개업했어.	我开业了。 Wǒ kāiyè le.

진짜? 축하해!   真的？祝贺你！
Zhēnde? Zhùhè nǐ!

 차이나

중국의 결혼 문화

우리나라에서는 결혼 적령기의 남녀에게 "국수 언제 먹여줄 거야?"라고 묻곤 한다. 중국에서는 '什么时候能吃上喜糖 Shénme shíhou néng chīshang xǐtáng?' 즉, '언제 사탕 먹게 해 줄 거야?'라고 묻는다. 중국의 독특한 결혼 문화에 대해 알아보자.

중국에서는 대부분 결혼식을 짝수인 날짜로 정하며, 화요일이나 토요일을 선호한다. 특히 숫자 8[八 bā]의 발음은 부자가 된다는 중국어의 발음과 비슷하여 결혼식 시간을 10시 58분, 11시 38분처럼 8이 들어가는 시간에 한다. 중국인들은 흰색이 죽음을 나타낸다고 생각하기 때문에 축의금은 절대 흰 봉투에 넣지 않고 빨간색 훙빠오[红包 hóngbāo]에 짝수의 금액을 넣어 준다. 6과 8을 좋아하기 때문에 액수는 666위안, 888위안을 가장 선호한다. 388, 566 등 마지막 두 자리의 숫자만 60이나 8로 맞추어 주기도 한다.

쌍희자 双喜 shuāngxǐ

결혼하다 结婚 jiéhūn

축하 사탕 喜糖 xǐtáng

| 위로 | 나 너무 속상해.

Day 37

나 너무 속상해.
A 我❶太伤心了。
Wǒ tài shāngxīn le.

괜찮아, 좀 좋게 생각해.
B 没事，想开❷点儿。
Méishì, xiǎngkāi diǎnr.

Tip

太 tài 너무, 매우 | 伤心 shāngxīn 속상하다 | 没事(儿) méishì(r) 괜찮다 | 想开 xiǎngkāi 좋게 생각하다, 생각을 넓게 가지다 | (一)点儿 (yì)diǎnr 조금, 약간

❶ 太……了는 '너무 ~하다' 또는 '매우 ~하다'라는 뜻으로 정도를 강조할 때 자주 쓰는 표현이다.
❷ (一)点儿은 '조금'이라는 뜻으로 회화체에서는 종종 一 yī를 생략한다.

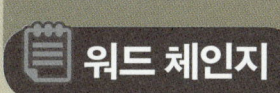 워드 체인지

▶ 단어를 교체하여 다양한 문장을 말해 보세요.

나 너무 _____.

我 太 ▢ 了。
Wǒ tài _____ le.

1. 伤心 shāngxīn 속상하다
2. 担心 dānxīn 걱정하다
3. 失望 shīwàng 실망하다
4. 后悔 hòuhuǐ 후회하다
5. 难过 nánguò 힘들다(괴롭다)
6. 郁闷 yùmèn 답답하다

리듬 러닝

▶ 앞에서 배운 내용을 리듬으로 따라 해 보세요.

나 너무 속상해.　　　我太伤心了。
　　　　　　　　　　Wǒ tài shāngxīn le.

나 너무 걱정돼.　　　我太担心了。
　　　　　　　　　　Wǒ tài dānxīn le.

나 너무 실망스러워.　　我太失望了。
　　　　　　　　　　Wǒ tài shīwàng le.

나 너무 후회돼.　　　我太后悔了。
　　　　　　　　　　Wǒ tài hòuhuǐ le.

나 너무 힘들어.　　　我太难过了。
　　　　　　　　　　Wǒ tài nánguò le.

나 너무 답답해.　　　我太郁闷了。
　　　　　　　　　　Wǒ tài yùmèn le.

괜찮아, 좀 좋게 생각해.　没事，想开点儿。
　　　　　　　　　　　Méishì, xiǎngkāi diǎnr.

기름을 넣다 - 찌아여우!

중국어로 '파이팅!', '힘내!'를 '찌아여우 加油 jiāyóu'라고 한다. 중국인들은 격려하거나 응원할 때 이 말을 자주 쓴다. '기름을 넣다'라는 뜻을 가진 '찌아여우!', 왜 중국인들은 응원할 때 기름을 넣으라고 하는 것일까? '加油'의 유래에 대해 알아보자.

예전에 중국에서 자동차 경주를 할 때 어처구니없는 일이 종종 있었다고 한다. 결승점에 거의 다다른 자동차의 기름이 갑자기 떨어져 멈춰 버리고 말았던 것이다. 이를 본 관중들이 '加油!'라고 외친 것이 응원의 시초가 되었다고 한다.

파이팅 加油 jiāyóu

주유소 加油站 jiāyóu zhàn

기름을 넣다 加油 jiāyóu

| 제안 | 함께 건배합시다.

Day 38

함께 건배합시다.

A 一起❶干杯❷吧。
Yìqǐ gānbēi ba.

좋아요.

B 好的。
Hǎode.

> **Tip**
> 一起 yìqǐ 함께, 같이 | 干杯 gānbēi 건배하다 | 吧 ba ~하자
> ❶ 干杯 앞에 흔히 为 wèi를 사용하여, '为……干杯' '~을 위하여 건배하다'라는 표현을 사용한다.
> ❷ 吧는 '~하자'라는 뜻으로 권유를 나타낸다.

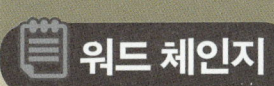 워드 체인지

▶ 단어를 교체하여 다양한 문장을 말해 보세요.

함께 _____ 합시다.
一起 _____ 吧。
Yìqǐ _____ ba.

1. 干杯 gānbēi 건배하다
2. 聊天 liáotiān 한담하다(수다 떨다)
3. 唱歌 chànggē 노래하다
4. 跳舞 tiàowǔ 춤을 추다
5. 散步 sànbù 산책하다
6. 运动 yùndòng 운동하다

리듬 러닝

▶ 앞에서 배운 내용을 리듬으로 따라 해 보세요.

함께 건배합시다.   一起干杯吧。
Yìqǐ gānbēi ba.

함께 한담합시다.   一起聊天吧。
Yìqǐ liáotiān ba.

함께 노래합시다.   一起唱歌吧。
Yìqǐ chànggē ba.

함께 춤을 춥시다.   一起跳舞吧。
Yìqǐ tiàowǔ ba.

함께 산책합시다.   一起散步吧。
Yìqǐ sànbù ba.

함께 운동합시다.   一起运动吧。
Yìqǐ yùndòng ba.

좋아요.   好的。
Hǎode.

중국의 음주 문화

중국인들은 식사를 하면서 함께 술을 마시는 편이다. 그만큼 술은 일상적인 음료이자 중요한 사교 수단이다. 한국과는 사뭇 다른 중국의 음주 문화를 알아보자.

- **2차 3차 술자리 장기전은 NO!**
  우리나라에서는 익숙한 2차, 3차 술자리가 중국에서는 일반적이지 않다. 중국에서는 식사 자리에서 술을 같이 주문해 술자리까지 겸하는 편이어서, 식사 후 또 술을 마시러 장소를 이동하는 경우는 드물기 때문이다.

- **고개 돌려 마시지 않아도 YES!**
  중국에서는 연장자 앞에서 고개를 돌리지 않고 술을 마셔도 예의에 어긋나지 않는다. 우리나라에서는 연장자와 함께하는 술자리에서 고개를 빳빳이 들고 마시면 예의 없는 사람으로 낙인찍힐 수 있지만 중국은 그렇지 않다.

- **강제로 권하거나 술잔 돌리기는 NO!**
  중국인들은 자신의 잔을 남에게 돌리지 않으며, 술을 못 마시는 사람은 음료수나 차를 마시다가 첫 잔과 마지막 잔만 함께 들면 된다.

술 酒 jiǔ

건배 干杯 gānbēi

| 부탁 | 저를 도와 사진 찍어 주실 수 있나요?

Day 39

저를 도와 사진 찍어 주실 수 있나요?

A 你能帮我拍照吗?
Nǐ néng bāng wǒ pāizhào ma?

문제없어요.

B ❶没问题。
Méi wèntí.

Tip

能 néng ~할 수 있다 | 帮 bāng 돕다 | 拍照 pāizhào 사진을 찍다 | 问题 wèntí 문제

❶ 没问题는 여기에서 '문제없다', '물론이다'라는 뜻을 나타낸다.

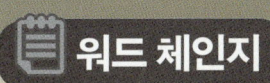

▶ 단어를 교체하여 다양한 문장을 말해 보세요.

저를 도와 _____ 주실 수 있나요?

你能帮我 ☐ 吗?
Nǐ néng bāng wǒ _____ ma?

1. **拍照**
pāizhào
사진을 찍다

2. **开灯**
kāidēng
전등을 켜다

3. **开门**
kāimén
문을 열다

4. **关门**
guānmén
문을 닫다

5. **复印**
fùyìn
복사하다

6. **接电话**
jiē diànhuà
전화를 받다

리듬 러닝

▶ 앞에서 배운 내용을 리듬으로 따라 해 보세요.

저를 도와 사진 찍어 주실 수 있나요?	你能帮我拍照吗? Nǐ néng bāng wǒ pāizhào ma?
저를 도와 전등 켜 주실 수 있나요?	你能帮我开灯吗? Nǐ néng bāng wǒ kāidēng ma?
저를 도와 문 열어 주실 수 있나요?	你能帮我开门吗? Nǐ néng bāng wǒ kāimén ma?
저를 도와 문 닫아 주실 수 있나요?	你能帮我关门吗? Nǐ néng bāng wǒ guānmén ma?
저를 도와 복사해 주실 수 있나요?	你能帮我复印吗? Nǐ néng bāng wǒ fùyìn ma?
저를 도와 전화 받아 주실 수 있나요?	你能帮我接电话吗? Nǐ néng bāng wǒ jiē diànhuà ma?

문제없어요.　　没问题。
　　　　　　　　Méi wèntí.

중국인이 적응 못 하는 한국 습관

중국인이 한국에서 좀처럼 익숙해지기 어려운 습관에는 어떤 것이 있을까?
중국인을 집이나 식당에 초대했을 경우
어떤 점을 주의해야 할지 알아보자.

한국은 온돌 문화로서 주로 좌식 테이블을 즐겨 사용하는 반면 중국은 입식 문화로 의자[椅子 yǐzi]나 소파[沙发 shāfā]에서 무릎을 90도로 굽혀 앉으며, 침대 생활에 익숙하다. 중국인을 식사에 초대했을 경우, 무릎을 구부려서 양반 다리를 하고 앉도록 권하면 안절부절못하게 벌을 주는 격이 된다. 또한 대부분 중국인은 차가운 물을 마시지 않기 때문에 끓인 물[开水 kāishuǐ]을 준비해 두는 것이 좋으며, 특히나 얼음물은 마시지 않으므로 권하지 않는 것이 좋다.

양반 다리를 하다 盘腿 pántuǐ

소파 沙发 shāfā

끓인 물 开水 kāishuǐ

| 덕담 | 생일 축하해!

Day 40

생일 축하해!
A 祝你生日^❶快乐!
Zhù nǐ shēngrì kuàilè!

고마워!
B ^❷谢谢你!
Xièxie nǐ!

Tip

祝 zhù 축하하다, 기원하다 | 快乐 kuàilè 즐겁다, 행복하다 | 谢谢 xièxie 고맙다, 감사하다

❶ 快乐는 '즐겁다, 행복하다'라는 뜻으로 기념일, 명절 등을 표현하는 말 뒤에 쓰여서 '~을 축하해' 또는 '~을 즐겁게 보내'라는 인사말로 자주 쓰인다.
❷ 谢谢 뒤에 오는 대상은 생략하기도 한다.

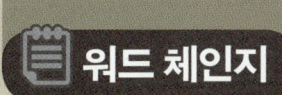 워드 체인지

▶ 단어를 교체하여 다양한 문장을 말해 보세요.

_____ 축하해(기원해)!

祝你 ⬚ !
Zhù nǐ _____!

① 生日快乐
shēngrì kuàilè
생일을 축하하다

② 新年快乐
xīnnián kuàilè
새해를 축하하다

③ 一路顺风
yílù shùnfēng
가는 길이 순조롭다

④ 身体健康
shēntǐ jiànkāng
(신체가) 건강하다

⑤ 成功
chénggōng
성공하다

⑥ 好运
hǎoyùn
행운

리듬 러닝

▶ 앞에서 배운 내용을 리듬으로 따라 해 보세요.

생일 축하해!   祝你生日快乐!
Zhù nǐ shēngrì kuàilè!

새해 축하해!
(새해 복 많이 받아!)   祝你新年快乐!
Zhù nǐ xīnnián kuàilè!

가는 길이 순조롭기를 기원해!   祝你一路顺风!
Zhù nǐ yílù shùnfēng!

건강하기를 기원해!   祝你身体健康!
Zhù nǐ shēntǐ jiànkāng!

성공하기를 기원해!   祝你成功!
Zhù nǐ chénggōng!

행운을 기원해!   祝你好运!
Zhù nǐ hǎoyùn!

고마워!   谢谢你!
Xièxie nǐ!

중국의 선물 문화

중국인들은 어떤 사물의 이름을 들었을 때 발음이 비슷한 다른 단어의 이미지를 연상하기도 하므로 중국인에게 선물할 때는 그 물건이 어떻게 발음되는지 잘 알아두어야 한다. 선물을 잘못했다간 오히려 실례가 되기도 하기 때문이다. 선호하는 선물과 금기시하는 선물에는 어떤 것들이 있는지 알아보자.

• **선호하는 선물**
사과[苹果 píngguǒ] : '평안'을 의미하는 平 píng과 발음이 비슷해 선호한다.
귤[桔子 júzi] : 단어 안에 '길하다'라는 의미를 지닌 吉 jí가 들어 있어서 선호한다.

• **금기시하는 선물**
배[梨 lí] : '이별하다'의 의미를 가진 离 lí와 발음이 같다.
시계[钟 zhōng] : '시계를 주다'의 送钟 sòngzhōng이 '장례를 치르다'의 送终 sòngzhōng 과 발음이 같다.
우산[雨伞 yǔsǎn] : 우산의 伞 sǎn이 '흩어지다'라는 散 sàn과 발음이 비슷해서 특히 연인이나 부부 사이에 선물하면 안 되는 물건이다.

귤 桔子 júzi

우산 雨伞 yǔsǎn

사과 苹果 píngguǒ

찾아보기

A

爱	ài	100
	~하기를 좋아하다, ~하기를 즐기다	
爱	ài 사랑하다	164
爱好	àihào 취미	158

B

爸爸	bàba 아빠, 아버지	48
吧	ba ~이지?	66
吧	ba ~하자	176
白色	báisè 하얀색	129
半	bàn 반, 30분	59
帮	bāng 돕다	180
杯子	bēizi 컵, 잔	92
北京	Běijīng 베이징	119
比较	bǐjiào 비교적	147
比萨	bǐsà 피자	89
毕业	bìyè 졸업하다	169
不太	bú tài 별로 ~하지 않다	147
不	bù 아니(다)	66

C

餐巾纸	cānjīnzhǐ 냅킨	93
草莓	cǎoméi 딸기	101
茶	chá 차	85
唱歌	chànggē 노래하다	177
超市	chāoshì 마트, 슈퍼마켓	110
成功	chénggōng 성공하다	185
吃	chī 먹다	88
吃饭	chīfàn 밥 먹다	151
充电宝	chōngdiànbǎo 보조 배터리	79
充电器	chōngdiànqì 충전기	79
崔	Cuī 최(성씨)	33

D

打	dǎ (손이나 도구를 이용하여) 치다	159
打的	dǎdī 택시를 타다	107
打电话	dǎ diànhuà 전화하다	151
大	dà (수량이) 많다	40
大家	dàjiā 여러분, 모두	23
担心	dānxīn 걱정하다	173
淡	dàn 싱겁다	97
蛋糕	dàngāo 케이크	88

的	de ~의	66
等	děng 기다리다	92
弟弟	dìdi 남동생	49
地铁	dìtiě 지하철	107
点	diǎn 시	58
电脑	diànnǎo 컴퓨터	133
电视	diànshì 텔레비전	133
电影	diànyǐng 영화	159
对面	duìmiàn 맞은편	115
多	duō 얼마나	40
多少	duōshao 얼마	124

E

儿子	érzi 아들	44
二十	èrshí 스물, 20	40

F

发烧	fāshāo 열이 나다	143
法国	Fǎguó 프랑스	52
飞机	fēijī 비행기	107
釜山	Fǔshān 부산	119
附近	fùjìn 근처, 부근	114
复印	fùyìn 복사하다	181

G

干杯	gānbēi 건배하다	176
感冒	gǎnmào 감기에 걸리다, 감기	142
哥哥	gēge 형, 오빠	49
给	gěi 주다	92
公交	gōngjiāo 버스	106
公司	gōngsī 회사	27
公司职员	gōngsī zhíyuán 회사원	155
公务员	gōngwùyuán 공무원	155
工作	gōngzuò 일하다	151
工作	gōngzuò 직업, 일자리	154
刮风	guāfēng 바람이 불다	75
关门	guānmén 문을 닫다	181
贵	guì 상대방과 관련 있는 사물을 높여 부르는 말	32
贵	guì 비싸다	136
贵姓	guìxìng 성씨가 무엇입니까?	32
国	guó 나라	52
果汁	guǒzhī 과일 주스	85
过	guo ~한 적이 있다	118

H

还	hái 더, ~도, 또	132
还	hái 그런대로	147

韩国	Hánguó 한국	53
汉堡	hànbǎo 햄버거	89
好	hǎo 안녕(인사말에 쓰임)	22
好	hǎo 좋다	92
好的	hǎode 네, 좋아, 그래	92
好看	hǎokàn 보기 좋다	137
好运	hǎoyùn 행운	185
号	hào 일(日)	70
喝	hē 마시다	84
黑色	hēisè 검은색	129
很	hěn 아주, 매우	146
红色	hóngsè 빨간색	128
后边	hòubian 뒤쪽	115
后悔	hòuhuǐ 후회하다	173
后天	hòutiān 모레	67
画画	huà huà 그림 그리다	159
黄色	huángsè 노란색	129
火车	huǒchē 기차	107
火锅	huǒguō 샤브샤브	89
护士	hùshi 간호사	155
护照	hùzhào 여권	79

J

几	jǐ 몇	58
济州岛	Jìzhōudǎo 제주도	119
家庭主妇	jiātíng zhǔfù 가정주부	155
见	jiàn 보다, 만나다	26
件	jiàn 벌, 개(옷, 일 등을 세는 단위)	136
健康	jiànkāng 건강하다	185
叫	jiào ~이라고 하다, 부르다	36
接电话	jiē diànhuà 전화를 받다	181
结婚	jiéhūn 결혼하다	168
姐姐	jiějie 누나, 언니	49
金	Jīn 김(성씨)	32
今天	jīntiān 오늘, 금일	62
九点	Jiǔ diǎn 9시	59
桔子	júzi 귤	101
觉得	juéde ~이라고 느끼다, ~이라고 생각하다	136

K

咖啡	kāfēi 커피	84
开车	kāichē 운전을 하다	107
开灯	kāidēng 전등을 켜다	181
开门	kāimén 문을 열다	181
开业	kāiyè 개업하다	169
看	kàn 보다	158
考上	kǎoshàng 합격하다	169
可乐	kělè 콜라	85
可以	kěyǐ 괜찮다	147

苦	kǔ 쓰다	97
块	kuài 위안(중국의 화폐 단위)	124
快乐	kuàilè 즐겁다, 행복하다	184, 185
筷子	kuàizi 젓가락	93

L

辣	là 맵다	97
篮球	lánqiú 농구	159
蓝色	lánsè 파란색	129
老师	lǎoshī 선생님	23
老样子	lǎo yàngzi 여전하다	147
了	le ~이 되었다	40
冷	lěng 춥다	75
李	Lǐ 이(성씨)	33
李小龙	Lǐ Xiǎolóng 리샤오룽	37
两点	liǎng diǎn 2시	59
两千	liǎngqiān 2,000	125
聊天	liáotiān 한담하다(수다 떨다)	177
林肯	Lín Kěn 링컨	37
绿色	lǜsè 초록색	129

M

妈妈	māma 엄마, 어머니	49
马云	Mǎ Yún 마윈(중국의 기업가, 알리바바그룹 CEO)	36
吗	ma ~이니? ~입니까?	92
买	mǎi 사다	132
麦当劳	Màidāngláo 맥도날드	111
忙	máng 바쁘다	146
帽子	màozi 모자	133
没	méi 없다, ~ 않다	118
没事(儿)	méishì(r) 괜찮다	172
美国	Měiguó 미국	53
妹妹	mèimei 여동생	49
免	miǎn 제거하다, 취소하다	32
面条	miàntiáo 국수	89
名片	míngpiàn 명함	79
明天	míngtiān 내일	26
名字	míngzi 이름	36
莫言	Mò Yán 모옌	37

N

哪	nǎ 어느	52
难过	nánguò 힘들다(괴롭다)	173
难看	nánkàn 보기 싫다	137
哪儿	nǎr 어디, 어느 곳	110
呢	ne ~는(요)?	146
能	néng ~할 수 있다	180
你	nǐ 너, 당신	22
你们	nǐmen 너희, 당신들	23, 110

您	nín 당신, 귀하	22
牛奶	niúnǎi 우유	85
暖和	nuǎnhuo 따뜻하다	75

P

拍照	pāizhào 사진을 찍다	180
盘子	pánzi 접시	93
旁边	pángbiān 옆	115
朋友	péngyou 친구	45
便宜	piányi 싸다	137
朴	Piáo 박(성씨)	33
朴智星	Piáo Zhìxīng 박지성	37
苹果	píngguǒ 사과	101
葡萄	pútao 포도	101

Q

钱	qián 돈, 화폐	124
钱包	qiánbāo 지갑	78
前边	qiánbian 앞쪽	115
前天	qiántiān 그저께	67
请	qǐng ~해 주세요, ~하세요	92
请问	qǐngwèn 실례합니다	154
去	qù 가다	110

R

热	rè 덥다	75
人	rén 사람	52
日本	Rìběn 일본	53

S

三十	sānshí 서른, 30	41
三十分	sānshí fēn 30분	59
散步	sànbù 산책하다	177
商店	shāngdiàn 상점	111
伤心	shāngxīn 속상하다	172
上海	Shànghǎi 상하이	119
上周六	shàng zhōuliù 지난주 토요일	67
稍	shāo 잠시, 조금	92
勺子	sháozi 숟가락	93
设计师	shèjìshī 디자이너	155
谁	shéi 누구	44
身体	shēntǐ 신체	185
什么	shénme 무엇	36
生病	shēngbìng 병이 나다	143
生气	shēngqì 화가 나다	143
生日	shēngrì 생일	66
升职	shēngzhí 승진하다	169
湿巾	shījīn 물티슈	93
失望	shīwàng 실망하다	173

十	shí 열, 10	124
十点	shí diǎn 10시	59
时髦	shímáo 세련되다	137
十五分	shíwǔ fēn 15분	59
是	shì ~이다	44
是	shì 그렇다	164
手表	shǒubiǎo 손목시계	133
首尔	Shǒu'ěr 서울	118
手机	shǒujī 휴대전화	133
受伤	shòushāng 다치다	143
书	shū 책	158
摔倒	shuāidǎo 넘어지다	143
水	shuǐ 물	85
水果	shuǐguǒ 과일	100
酸	suān 시다	96
岁	suì 살, 세(나이를 세는 단위)	40

T

他	tā 그	44
她	tā 그녀	52
太	tài 너무, 매우	172
讨厌	tǎoyàn 미워하다	165
踢	tī 차다	159
天气	tiānqì 날씨	74
甜	tián 달다	97
跳舞	tiàowǔ 춤을 추다	177
听	tīng 듣다	159
挺	tǐng 아주	147
同事	tóngshì 직장 동료	45
同屋	tóngwū 룸메이트	45
同学	tóngxué 학교 친구, 동창(생)	45
土	tǔ 촌스럽다	137

W

玩游戏	wán yóuxì 게임하다	151
晚上	wǎnshang 저녁	23
王	Wáng 왕(성씨)	33
位	wèi 분, 명(사람을 세는 단위)	48
味道	wèidao 맛	96
问题	wèntí 문제	180
我	wǒ 나, 저	36
我们	wǒmen 우리	110

X

西瓜	xīguā 수박	100
喜欢	xǐhuan 좋아하다	128, 165
洗手间	xǐshǒujiān 화장실	111
下	xià 내리다, 떨어지다	74
下次	xià cì 나중, 다음번	27
下午	xiàwǔ 오후	27

下雪	xià xuě 눈이 오다(내리다)		75
下雨	xià yǔ 비가 오다(내리다)		75
下周一	xià zhōuyī 다음 주 월요일		67
咸	xián 짜다		97
闲	xián 한가하다		147
现在	xiànzài 지금, 현재		58
香港	Xiānggǎng 홍콩		119
香蕉	xiāngjiāo 바나나		101
相信	xiāngxìn 믿다		165
想	xiǎng ~하고 싶다		88
想	xiǎng 보고 싶다		165
想开	xiǎngkāi		172
	좋게 생각하다, 생각을 넓게 가지다		
鞋	xié 신발		132
谢谢	xièxie 고맙다, 감사하다		184
新年	xīnnián 새해		185
星期	xīngqī 요일		62
星期二	xīngqī'èr 화요일		63
星期六	xīngqīliù 토요일		63
星期三	xīngqīsān 수요일		63
星期四	xīngqīsì 목요일		63
星期五	xīngqīwǔ 금요일		63
星期一	xīngqīyī 월요일		62
姓	xìng 성이 ~이다, 성, 성씨		32
休息	xiūxi 쉬다, 휴식하다		150
学生	xuésheng 제자, 학생		45
学习	xuéxí 공부하다		151
学校	xuéxiào 학교		114

Y

颜色	yánsè 색, 색상		128
羊肉串儿	yángròuchuànr 양꼬치		89
姚明	Yáo Míng 야오밍		37
要	yào		84
	~할 것이다, ~하려고 하다, 원하다		
钥匙	yàoshi 열쇠		79
爷爷	yéye 할아버지		142
也	yě ~도		164
一	yī 하나, 1		58
医生	yīshēng 의사		154
医院	yīyuàn 병원		111
一共	yígòng 모두, 전부		124
一刻	yí kè 15분		59
一路顺风	yílù shùnfēng		185
	가는 길이 순조롭다		
一万	yíwàn 만, 10,000		125
一百	yìbǎi 백, 100		125
(一)点儿	(yì)diǎnr 조금, 약간		172
一起	yìqǐ 함께, 같이		176
一千	yìqiān 천, 1,000		125

音乐	yīnyuè 음악	159
银行	yínháng 은행	114
英国	Yīngguó 영국	53
邮局	yóujú 우체국	111
有	yǒu 있다	114
有点儿	yǒudiǎnr 조금, 약간	96
又	yòu 또, 다시	142
右边	yòubian 오른쪽	114
雨	yǔ 비	74
郁闷	yùmèn 답답하다	173
月	yuè 월, 달(月)	70
运动	yùndòng 운동하다	177

Z

在	zài ~에 있다	114
在	zài ~하고 있다	150
再见	zàijiàn 잘 가, 또 봐	26
早上	zǎoshang 아침	23
怎么	zěnme 어떻게, 어째서, 왜	106
怎么样	zěnmeyàng 어떠하다	74
找	zhǎo 찾다, 구하다	78
赵	Zhào 조(성씨)	33
这	zhè 이, 이것, 여기	48
真	zhēn 정말	136
真的	zhēnde 진짜, 정말	168

支持	zhīchí 응원하다	165
中国	Zhōngguó 중국	53
中午	zhōngwǔ 점심(시간), 정오	27
中奖	zhòngjiǎng 당첨되다	169
周末	zhōumò 주말	27, 74
祝	zhù 축하하다, 기원하다	184
祝贺	zhùhè 축하하다	168
足球	zúqiú 축구	159
最近	zuìjìn 요즘, 최근	146
昨天	zuótiān 어제	67
左边	zuǒbian 왼쪽	115
做	zuò 하다	150
坐	zuò 타다	106

대한민국 중국어 교육 **20관왕**
15년간 중국어만 연구하였습니다.

문정아중국어 학습 지원 서비스

문정아중국어는 여러분의 중국어 실력 향상을 위해 15년간 오로지 중국어만을 연구하였습니다. 우리의 목표는 여러분이 더 쉽고, 더 빠르게 중국어를 끝내는 것, 그 하나뿐입니다.

최고의 중국어 콘텐츠

8,693강
비교 불가,
국내 최다 강의!

올패스
입문부터 고급까지,
올패스 하나면 끝!

평생 회원
중국어 무한 수강,
평생 책임!

스마트 뷰톡
눈으로 보고,
말하는 중국어

문정아중국어, 이유 있는 선택

월 2만원
2개월 학원비로,
평생 수강!

15년
중국어 전설,
명불허전 문정아

2개월
왕초보도
중국어로 말한다.

월 120강
최신 강의,
업계 최다 업데이트!

참 쉬운 중국어, 문정아▼ 가 답이다!